La vraie vie en Dieu

Supplément 9

La vraie vie en Dieu

Tome 1 (278 p.) - "Venez à Moi, vous, pauvres âmes, venez Me rencontrer et apprenez à connaître votre Père aimant [...] Il vous guérira si vous êtes malades, Il vous consolera si vous êtes affligés" (Jésus, le 1.2.87).

Tome 2 (248 p.) - "Ta Sœur [la Russie] est morte, mais le Seigneur [...] la ressuscitera [...] Cette nation deviendra une et la plus dévouée servante de Dieu [...] La Russie sera le symbole de la Gloire de Dieu, de Sa miséricorde et de Son Amour" (Notre Sainte Mère, Le 1.2.88).

Tome 3 (332 p.) - "Si seulement vous saviez comme Je suis prêt à pardonner les crimes de votre ère, pour un seul regard affectueux porté sur Moi [...] J'effacerais de Ma vue toutes vos iniquités et vos péchés" (Jésus, le 29.8.89).

Tome 4 (178 p.) - "Je vous invite à prier pour l'Unité. Pour vous unir, vous devez aimer. Pour vous unir, vous devez être humbles et obéissants. Aujourd'hui, les pays ne produisent ni bonheur ni vertu parce que votre génération a déserté le Seigneur" (Vierge Marie, le 8.1.91).

Supplément 1 (90 p.) - "Il reste très peu de temps maintenant; pardonnez à votre prochain pendant que vous en avez encore le temps. Faites des réparations, jeûnez" (Jésus, 30 août 1991).

Supplément 2 (90 p.): - "Je viendrai parmi vous dans la Splendeur et dans la Gloire" (Jésus, 31 janvier 1992).

Supplément 3 (90 p.) - "Aussi ne dites pas: 'Il n'y a personne pour me sauver ni pour me venir en aide', ni que l'aide vous est refusée. Invoquez-Moi avec votre cœur et Je volerai à vous... Je suis votre Ami" (Jésus, le 10 juin 1992).

Supplément 4 (90 p.) - "Ni la mort ni la vie, ni ange ni prince, rien de ce qui existe, rien de ce qui est encore à venir, nulle puissance ou hauteur ou profondeur, nulle chose créée, ne viendra jamais me séparer de Toi" (Donné par Jésus, le 17 septembre 1992).

Supplément 5 (90 p.): Création! Comme J'ai désiré vous rassembler tous comme une poule rassemble ses poussins sous ses ailes! Mais tant d'entre vous continuent à le refuser! Plus tard, vous ne pourrez pas dire que Je n'ai pas tout essayé pour vous rassembler tous dans Mon Sacré-Cœur pour vous dire qu'un amour plus grand que le Mien vous n'en trouverez pas... (Jésus, le 9.3.1993).

Supplément 6 (90 p.): Je suis venue vous rappeler à tous qu'un vrai apôtre de Dieu est celui qui fait la volonté de Dieu: Aimer, c'est faire la volonté de Dieu (La Vierge Marie, le 6 décembre 1993).

Supplément 7 (90 p.): Dans la Tendresse de Son Amour, Mon Père a recouvert ton chemin de saphirs. Roi, pourtant si maternel; Juge, pourtant si tendre et aimant; l'Alpha et l'Oméga, pourtant si doux (Jésus, 10 août 1994).

Supplément 8 (90 p.): J'ai juré de n'abandonner aucun pauvre ni aucun affamé car Mes Bénédictons sont riches, Mon Amour satisfaisant et le Souffle de Mon Esprit médicinal (Jésus, 9 octobre 1994).

Quand Dieu fait signe (120 p.): Le Père Laurentin répond aux objections contre Vassula.

Vassula de la Passion du Sacré-Cœur (300 p.): Le Père Michael O'Carroll témoigne sur Vassula et analyse les messages qu'elle reçoit.

Vassula médiatrice de l'unité des chrétiens (368 p.): Le Père Michael O'Carroll parle de l'urgence d'œuvrer à l'unité des chrétiens et des signes extraordinaires qui accompagnent la mission de Vassula.

Vassula

La vraie vie en Dieu

Supplément 9

cahiers 77 - 84

Editions du Parvis
Editions Spirimédia

Edition: Editions du Parvis
1648 Hauteville
Suisse

Diffusion
pour l'Amérique: Editions Spirimédia
6550 route 125
Chertsey (Québec) JOK 3KO
Téléphone: (514) 834-8503
Téléphone sans frais: 1-800-465-1070
Télécopieur fax: (514) 834-7695

ISBN: 2-89177-004-8

Imprimé au Canada

CAHIER 77

Dacca — 21 février 1995

— **Paix dans ton cœur. Vassula-de-Mon-Sacré-Cœur, Fleur-de-Ma-Passion, Progéniture-de-Mon-Père, Je veux que tu sois parfaite.**

— Seigneur, où trouverais-je assez de mots pour Te glorifier?
Tu as honoré ma misère de Ta stupéfiante Présence
inspirant la crainte.

Depuis lors, aucune tâche n'a été trop dure pour moi.
Avec Ta Présence, tout est devenu facile et comme un délice.
Tu m'as enseigné que dans Ta Main droite,
Tu tiens la Victoire et que la Mort est engloutie par la Vie.

O Sauveur, si impatient de sauver et de fortifier,
Ta bienveillance m'a visitée de nuit,
dans la nuit de mon cœur pour chanter un Festival,
ressuscitant un cadavre.

Tu as mis tout Ton Cœur dans Ton cantique
par Amour pour nous tous
et, de moi, Tu as fait une Harpe devant Ton Autel...

Que la musique résonne pour notre Roi,
qu'elle résonne!
Que la musique se répande jusqu'aux extrémités de la terre

et vibre en chaque ravin, en chaque montagne,
en chaque vallée!

— **Loue toujours Mon Nom comme maintenant! afin que
ton seul Amour Se réjouisse. Vassula, renforce Mon Eglise et
Je renforcerai ta foi et ton âme. Le peu que tu Me donnes Me
plaît, le plus que tu Me donnes Me délecte! Mon Père ne te
fait jamais défaut. Il vient toujours à ton secours[1]. Je suis
toujours avec toi...**

— N'oublie pas que je suis poussière et que d'un coup de vent,
je suis balayée. Les eaux de Ton Côté tombent en cascades sur
les montagnes et dans les vallées[2]. Tu fournis de l'eau à tous
ceux qui ont soif et Tu m'envoies à travers les collines dans
toutes les nations pour crier:

«De Dieu seul viennent la victoire et la force».
Ne vous effondrez plus de soif.
Remuez vos mémoires et recueillez-vous,
vous tous gisant dans la poussière
car votre Rosée n'est pas hors d'atteinte.
Vous avez oublié qui vous a faits
mais si vous buvez, votre mémoire sera restaurée[3]!

«O venez vers l'eau, vous tous qui avez soif;
même si vous n'avez pas d'argent, venez!» *(Is 55.1)*

---

1. J'avais également remarqué cela moi-même. C'est Dieu le Père qui Se précipite le premier pour me consoler. Un jour, soumise à une très forte persécution, je me suis mise à genoux, implorant l'aide de Jésus. J'ai écrit ma plainte (utilisant mon charisme) et, au lieu que ce soit Jésus qui me réponde, c'est Dieu le Père qui S'est précipité vers moi pour me consoler, me promettant que le lendemain, cela serait arrangé. Sa Parole s'est réalisée comme Il l'avait dit. Je sais que le Père a un faible pour moi, mais c'est aussi mon cas pour Lui.
2. L'effusion du Saint Esprit.
3. Pour écrire ces lignes, Jésus m'a aidée de Son Saint Esprit.

— **Et Je dirai: écoutez, et votre âme vivra…**

— Et maintenant, mon Sauveur, Toi qui tiens la première place dans ma vie, oublie ma misère et mes défauts.

— **Bien-aimée, Je t'aime de toute façon.**

— Dissous la brume autour de moi. Trésor Inépuisable, Trois fois Saint, Lumière des Etoiles dans la Nuit, Vaisseau de mon âme, Colonne de Feu rugissant, ne me laisse pas emprisonnée dans les ténèbres. Coup de tonnerre[4], ravive mon âme et accorde-moi l'Instruction et la Correction.

— **Ma compagnie et Mon amitié t'enseigneront avec simplicité. Prends Ma Main et, ensemble, nous continuerons sur la route que J'ai préparée pour toi afin que Je t'amène à la perfection.**

Dacca — 23 février 1995

(Je regardais le portrait du Christ)

— Auteur de la Beauté, comment peut-on ne pas être charmé par Toi? Misérables comme nous le sommes et uniquement capables de destruction, Ton Amour pour nous ne fait jamais défaut. Nous péchons, cependant nous sommes toujours à Toi qui nous donnes des instructions et, bien que nous soyons souillés de péchés, Toi, dans Ton ardent désir de nous accorder Ton pardon, Tu continues à nous poursuivre comme un Amoureux poursuit sa fiancée: pour nous conquérir entièrement.

---

4. La Voix de Dieu est comme un coup de tonnerre: «une voix vint du ciel: Je l'ai glorifié et Je le glorifierai encore. La foule qui se trouvait là et avait entendu disait que c'était un coup de tonnerre» (Jn 12. 28-29).

— Oui! que ne ferais-Je pas pour vous tous, pour conquérir entièrement votre cœur! Votre Sauveur a besoin de si peu pour Le rendre heureux; même un simple regard qui M'est accordé[5] Me réjouit. Je peux te rendre Mienne à jamais et Ma Souveraineté sur toi transfigurera ton âme en un diamant clair comme le cristal, rayonnant et sans tache. Je te le dis solennellement: à moins que tu ne meures à ton «toi», tu n'acquerras pas la vie éternelle. Je suis la lumière de la Vie et toi, Ma fille, souviens-toi: tes frères et sœurs sont toujours loin de Mon Divin Cœur qui peut les rendre divins. Ils sont sur la voie de leur perdition et la Destruction les tenaille sans même qu'ils le réalisent! Création! Tu n'as qu'à le vouloir et Je descendrai sur toi comme une Rivière, cette Source toujours jaillissante qui vient de Ma Poitrine.

ic

Djakarta, Indonésie — 25 février 1995

— Mon Seigneur, Ta Parole brûle notre cœur comme un feu, aussi, comment se fait-il que, lorsque Tu parles, leur[6] cœur ne brûle pas?

— Prie pour ceux-ci, afin que Je puisse leur donner un cœur pour Me reconnaître. Bénie de Mon Ame, accepte ce pénible exil sur la terre[7]. Un jour, Je t'en montrerai le résultat. Aujourd'hui, Je t'ai amenée ici, en Indonésie, de même que Je vous ai tous réunis en une seule assemblée.

---

5. Jésus me dit cela alors que je regardais Son Portrait avec amour.
6. Il s'agit des persécuteurs de ces messages.
7. Lorsqu'on a vu le Seigneur, on désire être avec Lui.

Dis-leur: ne pensez pas que Dieu est inapprochable. Dieu est près de vous et Il vous aime… Honorez Son Nom; retournez à Moi et changez vos vies et vivez saintement, car Saint est Mon Nom. Permettez-Moi de vous corriger; pour cela, J'ai besoin de votre total abandon. Votre seul Refuge est Mon Cœur. Ecoutez et comprenez:

J'ai dit que toute chair est comme l'herbe et que sa beauté est comme les fleurs sauvages des champs, mais l'herbe se dessèche et les fleurs se fanent, mais Ma Parole reste pour toujours… et votre âme continuera à aimer. Que votre âme soit en paix avec Moi le jour où Je viendrai la chercher, afin que vous héritiez Ma Gloire. Ne vous trompez pas maintenant en disant: «âme, tu as maintenant une quantité de choses; prends les choses comme elles viennent; prends du bon temps et roule-toi dans ta richesse; manifestement, l'héritage est à toi». Réalise, Mon enfant[8], le désert que tu as fait de ton âme. Réalise, Mon enfant, combien il M'est pénible de voir ta sécheresse. Je t'ai toujours aimé d'un Amour éternel. Diminue Ma souffrance, efface Ma souffrance en retournant à Moi, ton Père, ton Créateur, ton Sauveur et ta Vie. Prie avec ton cœur et Je t'entendrai. Le pardon t'est donné, si tu le demandes.

Indonésie, dirige tes pas dans Mes Pas, car Mon Jour est proche et lorsque Je viendrai, Je viendrai avec Feu. Aussi, permets-Moi de te trouver convenable pour Mon Royaume… Demande Mes bénédictions et Je te les donnerai. Quel père refuse le bien-être de son enfant? Ainsi, combien plus, Moi qui suis la Source de l'Amour, donnerai-Je à quiconque demande!

---

8. Le Seigneur parle à chacun de nous.

Je suis proche de vous, fils et filles et Je vous bénis, vous offrant Ma Paix. Venez reconnaître vos péchés, face à Moi, et Je répondrai à votre cri de repentir.

Vassula, Je suis Yahvé, ton Père bien-aimé et Père de tous. Loue-Moi et suis-Moi sans retard. Maintenant, lève-toi et prie le Notre Père de la façon dont Je t'ai honorée en te l'enseignant. Je t'aime tendrement!

Indonésie — 26 février 1995

— De mes lèvres, Seigneur Tout-Puissant, je répandrai Tes Paroles que j'ai entendues venir de Ta propre Bouche, à de nombreuses nations afin qu'elles aussi jouissent de Ta Présence et se réjouissent de Ta Loi.

Fais que je n'oublie pas ni ne néglige Ta Parole et ne me permets pas de m'égarer de Tes Commandements. Ravive mon âme de Ta Parole, mon Seigneur.

— Je te donne Ma Paix. Mon enfant, tu n'es pas sans père, Je Suis qui Je Suis est ton Père. Tu n'es pas sans abri; Mon Royaume, Ma Splendeur et la Vérité sont ta demeure. Tu n'es pas privée de nourriture car, de Ma Propre Main, Je remplis ta bouche de Ma Bouche par Ma Parole. Les sceptres et les trônes ne peuvent jamais être plus estimés que Ma Parole. A quoi pouvez-vous comparer Mes Richesses?

Ma Vassula, jadis, tu avais faim de Ma Parole et de Mon Cœur, ce Cœur du plus tendre des pères qui était dans le deuil et rempli de douleur et de pitié. Combien d'autres sont comme tu étais jadis[9]! et combien d'autres en aurai-Je à ressusciter puis à nourrir…

Mais il a été dit qu'en ces derniers jours, Ma création tomberait dans une apostasie et une froideur de cœur telles que même s'ils ne Me rejettent pas, beaucoup en seront affectés. Il a été dit qu'en vos jours, Satan croîtrait en pouvoir, mais Ma Miséricorde est Infinie ainsi que Ma Compassion. Si la malédiction sort de la bouche de Satan, une bénédiction de Ma Bouche vaincra sa malédiction. Ma bénédiction est la Parole de Ma Bouche qui donne la lumière dans vos ténèbres et à ceux qui vivent dans l'ombre de la mort. Ma faveur est sur vous et ainsi, tout ce que Je fais en ces jours est pour le salut de votre génération.

Et toi, Ma fille, présente-Moi dans tes réunions, comme tu l'as toujours fait. Embellis Ma Maison et J'embellirai la tienne[10]. Vivifie Ma Maison comme J'ai vivifié la tienne[11]. Caresse-Moi, Moi ton Père, de ton amour. Travaillons.

---

9. Morte spirituellement.
10. Dieu entend: mon âme.
11. Comme Il m'a vivifiée spirituellement.

Indonésie — 27 février 1995

— Je suis toujours étonnée de Ton choix, mon Seigneur, et par tout ce qui m'arrive.

— Ne le sois pas[12]! Je suis le Seigneur des cieux et de la terre. Je te le dis, d'un Rien, Je peux faire un Autel sur lequel tous Mes Trésors peuvent être disposés. Dis-Moi: par quel moyen as-tu obtenu la Connaissance, la force et le zèle pour évangéliser?

— Par Ton Saint Esprit, mon Seigneur.

— Oui! par la puissance de Mon Saint Esprit. Fais maintenant de la place pour Mon Saint Esprit, afin qu'Il sème en toi les semences du Ciel. Permets à Mon Saint Esprit de cultiver ta terre et de faire en toi un Eden terrestre. Permets, Ma bien-aimée, à Mon Saint Esprit de brûler en toi toutes les plantes desséchées et de les remplacer par des semis et de jeunes vignes célestes. Permets à Mon Saint Esprit de transformer ton âme en un autre Paradis où Nous[13] sentirons que Nous sommes entourés d'humilité, de paix, d'amour et de joie[14]. Oui, permets à Mon Saint Esprit, de prendre racine au milieu de ton âme et de la transformer en un autre Paradis. Aussi, fais maintenant de la place pour Mon Saint Esprit, afin qu'Il demeure en toi et qu'Il continue à t'instruire pour vivre une Vraie Vie en Nous[15]. Maintenant, dis ces paroles:

Seigneur,
donne-nous Ton Royaume,
pour que nous obtenions l'incorruptibilité et la déité

---

12. Cela m'a été dit comme un commandement.
13. La Sainte Trinité.
14. Ce sont les graines et les semis du Paradis.
15. La Sainte Trinité.

afin d'avoir la vie éternelle.

Amen.

Apprends que seules les graines semées en toi par Mon Saint Esprit peuvent produire des fruits en abondance. Sans ces semences divines, ton âme restera un désert inculte et une terre desséchée! Aussi, Ma fille, ne sois pas stupéfaite de l'action de Mon Saint Esprit... Viens, Mon élève, évangélise dans Mes Assemblées.

ic

2 mars 1995

(De retour en Suisse)

— Mon Seigneur?

— Je Suis. La paix soit avec toi. Jusqu'à maintenant, Je t'ai supportée ainsi que tous les retards dus à l'administration[16]... Je veux te <u>détacher</u> de ces choses qui absorbent <u>Mon temps</u>. Je te le dis, Je suis Celui qui t'a enrôlée pour écrire Mes Messages. Tu ne parviendras pas à suivre Mon temps si tu continues de cette façon. Je t'ai donné certaines règles et, à nouveau, elles n'ont pas été suivies. Par Ma Grâce, tu as obtenu Mes Messages, et Ma Volonté est que tu ailles les annoncer comme tu le fais, en public, pour être capable d'enseigner aux autres. Je mettrai en toi un cœur nouveau et Je lui donnerai une étincelle et, avec Ma Grâce, tu te conformeras à Mes règles. Prie et réponds à Mes Appels. Jusqu'à

---

16. Le Christ me reproche que les messages qu'Il m'avait dictés étaient mis de côté et que j'avais pris sur Son temps de dictée pour m'occuper de tâches administratives, c'est-à-dire de l'organisation de mes voyages, des continuels téléfax, et des personnes qui m'accaparent au téléphone.

maintenant, Je t'ai supportée; à partir de maintenant, c'est Mon objectif qui passe en premier. A partir de maintenant, tu répondras à <u>Mes appels</u> et non à ceux des autres. Mes Messages passent en premier. A partir de maintenant, tu passeras ton temps avec Moi, en harmonie[17], et non avec les lourdes astreintes que beaucoup t'imposent, pas plus que tu ne passeras ton temps en discussions au téléphone. Dis à ceux qui veulent entendre la «dernière nouveauté» de Mes Messages, de se recueillir en prière et de s'équiper de ce que Je leur ai déjà donné.

Vassula, rappelle à chacun de ceux qui travaillent pour «La vraie vie en Dieu» que Je les ai choisis. Aussi, si quelqu'un Me fait défaut, Je suis libre de le remplacer. Je désire que chacun d'eux réexamine sa conscience et prie pour obtenir une ouverture. Essayez de découvrir ce qui manque et ce que Je désire de vous. Satan observe chacun de vous et a juré d'arrêter Mon Plan en l'obstruant et en utilisant une forte opposition. Ses menaces atteignent le ciel quotidiennement. Sans retard, travaillez dur et de bon cœur; à cause de Moi, travaillez avec Mon Esprit et non avec le vôtre. Si quiconque œuvrait pour son propre intérêt et sans amour, sans joie et sans don de soi, J'interviendrai à nouveau…

Et toi, Ma fille, à partir de maintenant, fais attention et sois sur tes gardes. La Sagesse continuera à t'enseigner; aussi, <u>cela</u>

---

17. Lorsque je suis sous la dictée de notre Seigneur, je me sens heureuse et en paix. Mais les tâches administratives me donnaient du stress et j'avais perdu ma paix parce que, pressée par différentes personnes à répondre à ce qu'elles voulaient de moi, je finissais par travailler pour ces personnes et non pour Jésus…

<u>suffit</u>[18]! Fie-toi complètement à Moi et continue avec le don de prophétie que Je t'ai donné. Je suis avec toi.

ic

3 mars 1995

— Mon Seigneur?

— Je Suis. La paix soit avec toi, Mon enfant. Ecoute-Moi; dans ta nullité, Je peux opérer des merveilles. Aussi, adapte-toi à Mes règles et n'oublie jamais comment J'œuvre. Garde-Moi dans ton cœur et tu obtiendras Ma paix. N'oublie jamais ce que Je t'ai dit hier! <u>Place-Moi en premier</u> et donne-Moi un peu de ton temps pour continuer à écrire Mes Messages. Fais-Moi plaisir en gravant Mon Nom sur ton cœur. Je suis ton Epoux et Mon Nom doit être honoré.

Que chacun de ceux qui, autour de toi, œuvrent également pour Mon Hymne d'Amour se comporte envers toi comme si tu n'étais plus parmi eux[19]. Le fruit de ton travail doit se multiplier dans leurs mains[20]. Moi Jésus, Je suis avec toi. Place-Moi, Ma Vassula, avant tout et au-dessus de tout dans le monde afin que ton exil ne te paraisse pas aussi dur que maintenant. Dépêche-toi, Mon enfant, et comprends combien tu M'es précieuse et combien tu M'es chère. Je suis ton Ami et Je t'observe avec amour et compassion. Je ne te ferai

---

18. Cela a sonné comme pour dire «basta!», «assez!». J'ai compris que Jésus ne voulait pas que je m'occupe de tâches administratives, même si c'est pour «La vraie vie en Dieu», ni que je perde mon temps au téléphone.
19. Cela signifie: commencer à prendre des initiatives.
20. J'ai compris: les écrits de «La vraie vie en Dieu» et les réunions que j'ai tenues pour témoigner.

jamais défaut. Traite-Moi tendrement en répondant à Mes Appels avec zèle et de tout ton cœur. Je t'aime, Vassula, et <u>Moi</u>, Je ne t'abandonnerai jamais. Je te fortifierai, Ma Cité, avec Mon Esprit. Viens, maintenant, et fais sur toi le signe de Ma Croix[21]. Bien. Maintenant, viens.

ΙΧΘΥΣ

6 mars 1995

(Soudain, la Croix sur moi est devenue trop lourde).

— Au début, mon Seigneur, Tu me câlinais et Tu veillais sur chacune de mes respirations avec une tendresse maternelle.

Tu m'as modelée, souviens-Toi, comme l'argile douce est modelée avec tant de soin. Lorsque Tu me taillais, afin que je puisse recommencer ma vie, jamais je ne l'ai senti, tellement Ton toucher était tendre.

Ensuite, Tu m'as dotée de Ton Saint Esprit, le Donneur de Vie et depuis lors, mes jours ont couru, s'accélérant, ne trouvant que délices dans leur fuite.

Pourquoi dois-je être piétinée par les insensibles qui ne peuvent pas voir au travers de leur ombre obscure, eux qui vivent sous un voile impénétrable et qui doivent avancer à tâtons lorsqu'ils doivent marcher?

Tu m'as promis que leur grandeur serait réduite à néant et leur sagesse en poussière.

Tu es connu pour sauver ceux qui ont le regard abattu et les innocents; Tu es connu pour prendre note de tout ce qui est

---

21. Je me suis signée avec un crucifix.

dit et fait. Dois-je être constamment écrasée sous les Décombres[22]?

Combien plus puis-je être frappée? Ma démarche chancelante ne T'a-t-elle pas encore mis au défi? Dois-je devenir plus misérable que je ne suis déjà?

Et maintenant, Tu Te délectes de m'avoir là où la lumière elle-même est comme le plus profond de la nuit.

— Ecoute-Moi, Mon agneau: te dire maintenant que Je vais te décharger[23] de Ma Croix que tu M'as si généreusement demandé de partager avec Moi, serait de la folie de Ma part! Les épreuves que tu supportes pour Moi ne sont rien de plus que ce que chacun a... Ne perds pas courage, Ma fille, et ne t'aventure pas à dire: «Celui qui sonde les cœurs, n'a-t-Il pas de compréhension?» Ma Sagesse ne peut pas être explorée par les hommes. Regarde! ta course n'est pas terminée. Après tout, n'as-tu pas entendu avec quel désespoir les prisonniers de l'Hadès[24] frappent à ta porte[25]? Ne t'ai-Je pas instruite, afin que ton cœur comprenne ta mission? Vassula! N'as-tu pas entendu leurs gémissements? Tourmentées dans la nuit, ces âmes frappent à ta porte pour demander du secours[26]. Tu

---

22. Ceux qui sont morts spirituellement.
23. Cf. Jr 23. 33-40. Le mot «décharger» recèle ici un double sens: le mot «charge», «fardeau» (en hébreu «massa»), peut également s'entendre comme le «fardeau», la «charge» des porte-parole de Dieu, ceux qui «portent» Ses paroles, Ses prophéties; le mot «fardeau» prend alors le sens de «message», de «prophétie», d'«Oracle». «Te décharger de Ma Croix» peut donc signifier ici me retirer le charisme de prophétie.
24. Le Purgatoire.
25. Fréquemment, entre quatre heures et quatre heures et demi du matin, la porte de ma chambre à coucher a été violemment ébranlée par les coups frappés par des âmes du Purgatoire.
26. Je dois les aider par mes prières.

es faible et maintenant tu flanches… Ne Me désappointe pas…

En temps de famine, Je suis venu à toi pour te nourrir et, à nouveau, au moment de la mort, Je te sauverai. Alors, rends-Moi heureux en Me permettant de t'utiliser pour Mes Intérêts. Aime-Moi et que ton amour pour Moi augmente afin que la vermine ne couvre jamais ta chair. Augmente tes prières et offre-les à Mes intentions. Je ne te cacherai jamais Ma Face, jamais[27].

Fruit-de-Mon-Amour,   Fleur-de-Ma-Couronne-d'Epines, Bourgeon-de-Mon-Eglise, ne sois pas intimidée par Mes Clous. Elève-de-Mon-Conseil, ne sais-tu pas que l'humiliation et la calomnie te sanctifient? As-tu oublié que Je t'ai comptée comme l'une de Mes filles de Mon Eglise? Qu'y a-t-il de plus désirable qu'être parent de Mon Sang? Je t'ai choisie Moi-Même pour être Mon porte-parole en de nombreuses nations et pour t'enseigner les Ecritures Sacrées[28], en faisant couler goutte à goutte dans ta bouche Ma Connaissance comme le miel qui coule du rayon. Ma Connaissance est douce mais également amère[29]; douce parce que J'annonce Mon glorieux triomphe avec Mon peuple et amère à cause de cette douloureuse apostasie de Mon Eglise qui doit précéder Ma victoire…

Ah[30]! génération! l'heure de l'obscurité est sur toi maintenant. Maintenant que tu as embarqué dans le bateau de la mort, il te mènera à la mort. Le signal de danger t'a été donné maintenant il y a bientôt dix ans[31]. Cela fait près de

---

27. Jésus a dit ces paroles très solennellement.
28. La Sainte Bible.
29. Allusion à Ap 10. 8-11.
30. Notre-Seigneur a poussé un profond et douloureux soupir.

dix ans qu'il résonne à ton oreille, mais durant tout ce temps, vous avez fui Ma Voix tonnante... Les étrangers ont été plus attentifs et sensibles à Ma Voix que vous, vous[32] qui invoquez journellement Mon Nom et M'élevez quotidiennement. Si seulement vous écoutiez, si seulement vous qui êtes mourants vous voyiez Mon aide salvatrice! Mais un voile d'ombre pend sur vos yeux...

Ah[33]! si seulement vous saviez combien vous êtes totalement morts et combien le reste d'entre vous sont devenus les fossoyeurs de vos propres tombes... Porter témoignage contre Mon Saint Esprit et essayer de dissimuler Mes œuvres qui sont pour Ma Gloire vous conduira aux feux éternels. Je te le dis, Ma fille, Ma douleur est insondable, aussi, permets-Moi de partager Ma Croix avec toi et permets-Moi de continuer à te cultiver jusqu'à la fin. Tourne tes yeux vers Moi et ne Me quitte jamais de ton regard. Je te promets que J'accomplirai ta mission, ensemble avec toi. Evite toute tendance à l'administration, car telle a été la vraie cause de ce dangereux retard! Fais connaître Mon Message à tous et montre-leur que Je suis un Dieu qui sauve.

ΙΧΘΥΣ ⋊⟶◠

(Le retard de six mois dans mon travail pour les Messages du Seigneur a été rattrapé en deux semaines: j'ai écrit sans arrêt

---

31. Ce message annonce le dixième anniversaire du début de «La vraie vie en Dieu», en novembre 1985.
32. J'ai compris que le Seigneur S'adresse aux prêtres. Beaucoup d'entre eux refusent de croire aux charismes prophétiques — alors que les charismes sont une aide de l'Esprit Saint à l'Eglise — et, ce faisant, ils deviennent en fait des persécuteurs du Saint Esprit qui accorde de tels charismes.
33. Encore un profond soupir.

durant deux semaines, sept à neuf heures par jour. J'ai aban-
donné toutes les tâches administratives qui absorbaient le temps
que je dois à Jésus, et je Lui ai obéi en ne m'occupant que de Ses
écrits. J'ai également coupé court aux appels téléphoniques, et mon
courrier, non ouvert, a été envoyé à l'association de «La vraie vie
en Dieu» pour qu'elle le traite. Ce n'est plus moi qui organise le
calendrier de mes réunions, mais l'association).

Paris — 18 mars 1995

— Vassula, tes efforts Me plaisent. Seule, tu ne l'es pas.
Secondement, Je Me délecte lorsque Mes paroles de correction ne sont pas prises à la légère ni écoutées sans y faire
attention. Permets-Moi d'être ton guide et ton Directeur
spirituel. J'ai établi en toi Mon Plan de Salut afin que, par
toi, Mes Messages soient accomplis par Ma Volonté. Permets-Moi de t'utiliser maintenant seulement pour encore un
petit peu de temps. Persévère dans ton service et prends
plaisir à l'accomplir. Ma compagnie pour toi est la plus
douce des douceurs. Lorsque viennent des épines et des ronces, n'aie pas peur, elles doivent venir de toute façon. Je
t'élèverai pour que tu passes au-dessus d'elles. Elles ne te
blesseront pas. Elargis Mon Vignoble, Ma fille, et J'étendrai
tous les fruits de Mes Vignobles et sa frontière n'aura pas de
fin.

Mon Plan est de vous sauver tous, mais J'ai besoin de géné-
rosité pour racheter la faute de cette génération. Grande est
Ma douleur de les voir se diriger vers le feu préparé par Mon
Ennemi. [34]<u>Je Suis la Source de Vie</u> et de Ma Poitrine jaillis-

---

34. Soudain, Jésus a crié d'une voix forte ce qui suit.

sent les Eaux Vives! Venez! venez et buvez, Je ne vous ferai pas payer. Si quelqu'un a soif, qu'il vienne à Moi! Je suis la Vie et devant vous et parmi vous tous, Je Me tiens...

Ma fille, une multitude d'anges sera à ton côté pour t'accompagner dans ta mission[35]. Moi Jésus, Je te bénis et Je te dis:

«lo tedhal!»[36]

ΙΧΘΥΣ

21 mars 1995

— Béni soit Ton Nom, Toi qui m'as bénie trois fois, me permettant de voir Son plan caché qui était dans Son Sacré-Cœur depuis le commencement et qui a été révélé à Son choisi, celui qu'Il aimait tant[37]. Maintenant, moi aussi, en Lui, j'ai entendu Son message, ce Trésor Inépuisable que sainte Gertrude a pu contempler un instant. Bientôt, s'en viendra un temps où

"il ne sera plus nécessaire
au prochain d'essayer d'enseigner à son prochain
ou au frère de dire à son frère
«apprends à connaître le Seigneur»;
non, ils Te connaîtront tous, le moindre comme le plus grand,
puisque Tu pardonneras leurs iniquités
et Tu ne leur rappelleras jamais leur péchés" *(He 8. 11-12).*

---

35. Pour la réunion au Palais des Congrès, Porte Maillot, à Paris.
36. «N'aie pas peur» en araméen, langue de Jésus.
37. St Jean l'Evangéliste (Ap 10. 4).

J'essaierai de marcher dans le sentier que Tu as tracé pour moi sans faire d'écart et je vais chérir le Trésor que Tu nous as donné à tous.

— Je suis très content de ton travail[38]. Puise de Mon Cœur ce Trésor Inépuisable que J'ai gardé caché pour votre temps où les cœurs des gens se refroidiraient, ingrats, pleins d'orgueil et irréligieux. Mes intentions sont de raviver cette flamme et de leur faire changer leur esprit de façon qu'une fois guéris, ils Me reconnaissent comme le Suprême Grand Prêtre, le Christ, et le Roi des rois.

Alors, viens près de Moi et jouis des bonnes choses que tu vois. Emplis-toi de cette Source Inépuisable de bien-être. Ne sois pas découragée lorsque les gens regardent sans comprendre que la Grâce-et-Miséricorde est parmi eux. Prie pour ceux-là. La glace ne supporte pas le feu. Je fondrai cette glace par Mon Saint Esprit. Aussi, aie confiance et dis:

«Dieu est bientôt avec nous».

ΙΧΘΥΣ ⤙⟶▷ ton Bien-Aimé.

Tokyo, Japon — 30 mars 1995

— Mon Seigneur?
Regarde depuis le Ciel, depuis Ta Sainte et glorieuse demeure.

Je suis ici parmi Tes enfants,
et cependant, tant d'entre eux ne Te connaissent pas
comme le plus compatissant des pères.

Père, fais connaître Ton Nom.
Que Ton Esprit guide Tes enfants puisque Tu es notre Père.

---

38. Mon retard a été rattrapé.

Ouvre maintenant les cieux et viens à nous.
A Ta Présence, toute la nation sera émue
et renoncera au pouvoir du péché qui la tient.

A Ta Présence, cette nation également
sera Ta fiancée et sera appelée:
«la Fiancée».

— Oui! Je Me fiancerai à cette nation. Avec tendresse et amour, Je Me fiancerai à eux et à la fin, d'une seule bouche, ils proclameront avec délice Mon Nom:

«Notre Père!»

puis J'épouserai le pays tout entier… et,

"comme l'époux se réjouit de son épouse, ainsi,
Je Me réjouirai en eux"[39].

(Plus tard, c'est Jésus qui parle:)

— Prie pour Mes enfants du Japon. Ecris ceci et dis-leur:
En vos jours, en ces jours de ténèbres, Je révèle à vous tous Ma Sainte Face. Je ne suis pas venu vous rappeler Ma Présence afin de vous condamner. Je suis venu vous appeler tous à Mon Sacré Cœur! J'entends donner la vue aux aveugles et ôter la vue à ceux qui prétendent voir. Je choisis la faiblesse

---

39. Cf. Is 62.5.

pour montrer Ma Puissance et la pauvreté pour montrer Mes Richesses et Ma Gloire. Ouvrez vos cœurs et parlez-Moi. Mon Nom est:

Jésus,

et Jésus signifie: «Sauveur».

Bientôt, très bientôt, Je viendrai avec des myriades d'anges; oui, Mon Retour est imminent. Regardez autour de vous, n'avez-vous pas remarqué Mes Signes? N'ayez pas peur de Moi. Je suis la seule Vérité et Je suis votre Chemin vers le Ciel. Venez à Moi tels que vous êtes. N'attendez pas d'être saints. Ne dis pas, Mon Japon bien-aimé: «Je ne sais pas parler et, si je le fais, Il ne m'écoutera pas». Je Me tiens maintenant au seuil de ta porte avec Mon Cœur dans Ma Main pour te l'offrir. Je suis le Sacré Cœur et J'ai composé un Nouvel Hymne d'Amour pour vous tous. La Miséricorde descend maintenant pour appeler tous ceux qui ne M'ont jamais recherché ni même connu à se joindre également à l'assemblée de Mes saints.

Les Ecritures disent: "Dieu n'a pas de favoris, et quiconque — de quelque nationalité que ce soit — craint le Seigneur et fait ce qui est juste, lui est acceptable"[40]. Ne savais-tu pas que Je suis un Dieu doux et humble, clément et plein de pitié? Ton indignité M'attire car Je suis Tout et Je peux prendre soin de toi. Ton incapacité à M'atteindre Me rend impatient de Me pencher du Ciel pour t'élever à Moi. Permets-Moi alors d'entrer dans ton cœur et de t'orner de Ma gloire! Recherche-Moi et tu Me trouveras. Frappe et Je t'ouvrirai.

---

40. Ac 10. 34-35.

Même si tu dis: «qui suis-je pour entrer dans Ton Cœur?», Je te dirai:

«tu es Mon enfant, Ma Semence et tu es à Moi;
tu M'appartiens et à nul autre;
tu viens de Moi et de nul autre;
c'est pourquoi Je te veux dans Mon Cœur».

Non, peut-être que tu ne M'as pas recherché, mais Moi, Je t'ai trouvé. Ceci, Japon Mon enfant, est Mon message pour toi. Je te bénis, laissant le Soupir de Mon Amour sur ton front.

ΙΧΘΥΣ ⋙⊃

Ôïta, Japon — 31 mars 1995

— Lorsque j'étais emprisonnée dans les ténèbres et gardée captive dans le cachot du péché où des spectres menaçants hantaient mon âme et alors que je pensais que je resterais là, oubliée et bannie de Ta Lumière Eternelle, Toi, brillant comme mille soleils flamboyants, Tu es descendu de Ta Gloire, illuminant mon effroyable nuit. Soudain, quelqu'un se tint là et mon cœur a bondi d'espoir. Un Souffle a passé sur ma face, ouvrant mes yeux, et le Dieu Invisible est devenu Visible et, alors que je me tenais face à face avec la Pureté, la Splendeur et la Souveraineté, je suis venue à l'être. Le Souffle de l'Omnipotence m'a élevée et mon anarchie a cessé d'être.

— Poussière et cendres, Je t'ai maintenant donné un cœur de chair et J'ai inspiré en toi un esprit vivant. Quoique ton esprit ait semblé dans une profonde négligence, Ma Miséricorde est venue à ton aide et t'a secourue, te guérissant. J'ai dit: «Je deviendrai son Epoux, son Educateur et son Protecteur et elle sera Mon épouse, Mon élève et Mon enfant, et Je la mènerai par une route merveilleuse. Ses pieds marcheront sur des saphirs. Je serai son étoile lorsqu'elle traversera les vallées ténébreuses, et son bâton et sa houlette lorsqu'elle sera persécutée et pourchassée. Tandis qu'elle traversera déserts et vallées, elle n'aura jamais soif ni faim. Je serai sa Coupe et Mon Corps sera sa nourriture. Je serai le thème de ses louanges et son Cantique dans Mes assemblées».

Et maintenant, enfant de Ma prédilection, courage, ta course n'est pas finie mais Je la finirai avec toi, Ma Main sur ta main[41]. Sois en Paix et permets-Moi de t'instruire chaque jour! J'ai instruit Mes disciples et Je les ai formés et comme Je les ai nourris de Ma Parole, ainsi Celui qui t'a élevée te nourrira. De Mon Saint Esprit, Je t'enseignerai à éviter tout mal. Veux-tu toujours apprendre de Moi?

— Oui, Seigneur.

— Bien. Alors, tu apprendras. Le Père et Moi continuerons à déverser sur toi les Instructions comme une prophétie… Mon plaisir est d'enseigner, particulièrement à des âmes comme la tienne, qui doivent dépendre uniquement de Moi et sont bien disposées, impatientes comme des enfants qui veulent faire plaisir à leur Maître! Je Me délecte en de telles âmes.

Finalement, Je veux ajouter encore une chose à cause de Mes Messages: J'ai décidé de hâter Mon Retour. Je n'attendrai pas aussi longtemps de revenir à vous. Alors même que beaucoup refusent de croire, lorsque cela arrivera, ils croiront; mais alors, leur cœur ne sera pas prêt à Me recevoir. Mon

---

41. Présente un double sens: signifie qu'Il m'aidera à écrire, en même temps qu'à marcher.

Retour est imminent et c'est pourquoi, Ma fille, J'étais impatient que tu te dépêches d'achever l'œuvre que Mon Père et Moi t'avons donnée, à travers Mon Saint Esprit.

Mon Trésor, permets-Moi de continuer Ma dictée sans aucun retard de ta part. Mon affection pour toi est grande et Je t'aiderai à rectifier ton cœur et à Me plaire. Tu vois? Tu vois comme Je t'ai déjà déchargée des tâches administratives? Maintenant, Je t'aurai seulement pour Moi; J'appellerai et tu seras disponible. Le reste de Mes Messages te sera maintenant donné promptement, avant le jour de l'apparition de l'Antéchrist...

— Comment allons-nous continuer lorsqu'il sera apparu?

— Durant juste un peu plus de trois jours et trois nuits[42], tu ne seras pas capable de continuer comme tu le veux. Mais ce silence sera brisé par Ma Propre Main à l'ouverture du sixième sceau[43]. Réjouis-toi car Je serai bientôt avec vous. Ma

---

42. «Durant juste un peu plus de trois jours et trois nuits»: Nombre symbolique signifiant trois ans et demi. «La bête qui monte de l'abîme s'apprête à leur faire la guerre et à les vaincre et à les tuer» (Ap 11.7). Durant les trois jours et demi, toute prophétie céleste sera réduite au silence; ce sera le temps du règne de l'Antéchrist. «Les hommes de tout peuple, race, langue et nation regarderont leurs cadavres durant trois jours et demi, ne permettant pas qu'ils soient ensevelis, et les gens du monde se réjouiront et célébreront l'événement en échangeant des présents parce que ces deux prophètes avaient été un fléau pour les gens du monde» (Ap 11.9-10); «Un temps et deux temps et la moitié d'un temps. Et toutes ces choses arriveront lorsque celui qui écrase le pouvoir du saint peuple verra sa fin» (Dan 12.7); «Après les trois jours et demi, Dieu insuffla la vie en eux et ils se tinrent debout...» (Ap 11.11); cela concerne les deux témoins, les deux prophètes, Moïse et Elie qui, aujourd'hui, sont les Deux Cœurs, le Cœur Immaculé de Marie et le Sacré-Cœur de Jésus, Lesquels prophétisent dans les ministères parallèles de Moïse et d'Elie. Moïse représente la Loi. Elie représente l'esprit de prophétie et la préparation à la venue du Seigneur, comme Jean-Baptiste qui était venu avec l'esprit d'Elie.

Voix sera entendue et Mes ennemis trembleront et se frappe-ront la poitrine[44]. Je souffre aujourd'hui avec toi, juste comme J'agonisais à Gethsémani. Viens, Vassula, Je te bénis pour M'avoir donné honneur et louange durant Ma réunion et pour M'avoir donné ton temps pour écrire par ta main.

ΙΧΘΥΣ

---

43. «Mais ce silence sera brisé par Ma Propre Main à l'ouverture du sixième sceau»: cf. Ap 6. 12-7.17. Ce sera la fin de ces trois ans et demi du pouvoir de l'Antéchrist. «Dans ma vision, lorsqu'il brisa le sixième sceau, il y eut un violent tremblement de terre et le soleil devint noir comme un sac de crin. La lune devint entièrement rouge comme du sang...» (Ap 6.12). «Après les trois jours et demi, Dieu insuffla la vie en eux et ils se tinrent debout et tous ceux qui virent cela furent terrifiés. Alors, ils entendirent du ciel une voix puissante leur dire: 'montez ici'. Et tandis que leurs ennemis regardaient, ils montèrent au ciel dans une nuée. Immédiatement, il y eut un violent tremblement de terre et le dixième de la cité s'effondra. Sept mille personnes (c'est-à-dire un grand nombre de toutes classes) furent tuées dans le tremblement de terre et les survivants, saisis de crainte, ne pouvaient que louer le Seigneur du ciel» (Ap 11. 11-13).

44. «Ma Voix sera entendue et Mes ennemis trembleront et se frapperont la poitrine»: cf. Mt 24.30. «Ils dirent aux montagnes et aux rochers: tombez sur nous et cachez-nous loin de Celui qui siège sur le Trône et loin de la colère de l'Agneau» (Ap 6.16).

CAHIER 78

3 avril 1995

— Mon Cœur est ta Demeure, n'oublie jamais cela! Mon enfant, Moi qui suis le Grand Prêtre Suprême, Je te dis: aime Mes prêtres et prie pour eux. Maintenant, écoute et écris ceci:

Je vais instruire ta génération afin que lorsqu'ils liront Mon Livre[45], ils le comprennent. Autel, permets-Moi de placer sur toi Ma Connaissance, ce Trésor Inépuisable de Mon Sacré-Cœur, afin que les hommes de chaque peuple, race, langue et nation, s'avancent et se servent eux-mêmes et, lorsqu'ils le feront, Je les raviverai et J'éclairerai leurs yeux, car Ma Parole restaure. Quiconque, s'il aime Ma Parole, qu'il s'avance. Quiconque M'aime conservera Ma Parole et Mon Père l'aimera et Nous viendrons à lui et, chez lui, Nous ferons Notre demeure.

Ayez besoin de Mon Saint Esprit autant que vous avez besoin d'air pour respirer. Demandez à Mon Saint Esprit qui est le Donneur de Vie de venir à vous et de faire dans votre âme de nouvelles merveilles... Demandez à Mon Saint Esprit de vous révéler le sens caché de Mes paraboles, de Mes pro-

---

45. La Sainte Bible.

verbes et des prophéties de votre temps. Une cité[46] ne peut pas être construite sans fondations[47], car Mon Saint Esprit ne pourrait pas s'y installer.

Venez et apprenez: les Nouveaux Cieux et la Nouvelle Terre seront lorsque J'établirai Mon Trône en vous, car à quiconque a soif, Je donnerai gratuitement de l'eau du puits de Vie. Permettez alors à Mon Saint Esprit de vous attirer dans Mon Royaume et dans la Vie Eternelle. Que le mal n'acquière pas plus de pouvoir sur vous pour vous faire mourir. Si cela était nécessaire, Je donnerais à nouveau Ma vie à tout moment et sans hésitation pour vous sauver.

Permettez à Mon Saint Esprit de cultiver votre sol et de faire en vous un Eden terrestre. Que Mon Saint Esprit fasse en vous une Nouvelle Terre pour faire prospérer votre sol, afin que votre première terre — qui était la propriété du démon — s'use. Alors, à nouveau, Ma Gloire brillera en vous et toutes les divines semences, semées en vous par Mon Saint Esprit, germeront et pousseront dans Ma Lumière divine.

Permettez à Mon Saint Esprit de venir à vous comme un feu rugissant et de vous purifier en brûlant toutes les plantes desséchées[48] restant en vous et de les remplacer par des semis célestes et des vignes délicieuses[49]. Alors, à partir de ce jour, Je serai Moi-même leur gardien… Que votre première terre, qui maintenant n'est rien que ruine et dévastation, M'appelle et <u>Je prendrai pitié</u> de votre disgrâce…

Le peu d'arbres qui vous restent maintenant sont desséchés et brisés, prêts à servir de bois de feu. Aussi, permettez à Mon

---

46. Symbolique: c'est de nous qu'il s'agit.
47. Signifie l'abandon à Dieu, pour que Dieu devienne notre fondation.
48. Les plantes desséchées signifient les mauvaises habitudes, les péchés.
49. Ces plantes célestes sont les vertus.

Saint Esprit de transformer votre âme en un autre Paradis, une Nouvelle Terre, où Nous[50] ferons Notre Demeure en vous car, vous voyez, l'hiver est passé et les fleurs apparaissent sur votre sol. Vous voyez, la vigne forme ses premières fleurs répandant leur parfum. C'est <u>cela</u>, Notre Paradis, Notre Ciel. Nous allons venir dans Notre Jardin pour rassembler tous ses fruits. Nous allons venir dans Notre Jardin pour Nous reposer parmi vos vertus qui seront comme des fontaines, des puits d'eau vive, des vallées luxuriantes de tous les arbres portant de l'encens, des pâturages et des vignobles, des montagnes de myrrhe, car l'humilité Nous plaît et l'amour fait Nos délices.

La paix Nous honore et la joie Nous enchante. En effet, tous les fruits sont les vertus qui sont agréables à Nos Yeux. Alors, permettez à Mon Saint Esprit de vous discipliner et de vous montrer que le sain enseignement est la Vie. Faites place à Mon Saint Esprit pour qu'Il s'enracine au milieu de votre âme et que là, Il s'y plante, là où se trouvaient auparavant mille épines et ronces. Mon Saint Esprit sera l'Arbre de Vie en vous et Mon Royaume, que vous obtiendrez par Ma grâce, vous amènera à obtenir l'incorruptibilité et la déité pour avoir la vie éternelle.

Alors, maintenant, Vassula, compare-toi avec ton ancien état. Tu vois? tu vois comme Mon Saint Esprit a changé ta vieille terre en une Nouvelle Terre? et comme seules Ses semences peuvent produire de bons fruits en abondance? et que sans Sa Présence, ton âme serait restée inculte, desséchée et une terre de sécheresse?

— Qu'en est-il des Nouveaux Cieux, Seigneur?

---

50. La Très Sainte Trinité.

— Les Nouveaux Cieux? Eux aussi seront en vous lorsque Mon Saint Esprit vous gouvernera dans la sainteté. Mon Saint Esprit, consort de Mon Trône, brillera en vos ténèbres comme un splendide soleil dans le ciel, parce que la Parole vous sera donnée pour exprimer les pensées et les discours comme Je veux que vous pensiez et que vous parliez. Tout sera exprimé en accord avec Mon Image et avec Ma Pensée. Tout ce que vous ferez sera à Notre ressemblance, parce que l'Esprit de votre Père parlera en vous. Et votre Nouvel Univers marchera avec Mon Saint Esprit pour conquérir, pour Ma Gloire, le reste des étoiles[51] ainsi que ceux qui n'avaient pas observé Ma Loi et étaient complètement égarés, comme une ombre passant dans les ténèbres, n'ayant jamais connu l'espérance et la sainteté que Je réservais pour votre temps. Les Nouveaux Cieux, Autel, seront lorsque Mon Saint Esprit sera déversé d'en haut sur vous tous, du plus haut des cieux. Oui, J'enverrai Mon Esprit en vous pour faire un ciel de votre âme, afin que dans ce Nouveau Ciel Je sois trois fois glorifié. Et comme les chemins de ceux qui auront reçu Mon Saint Esprit auront été rectifiés, ainsi également leurs ténèbres et leur obscurité seront éclairées et restaurées en étoiles lumineuses, illuminant leurs ténèbres pour toujours et à jamais.

Bientôt, cette terre et ce ciel disparaîtront, parce que la rayonnante gloire de Mon Trône brillera sur vous tous. Moi Jésus, Je vous le dis: Moi le Grand Prêtre, du plus haut des cieux, Je vous appelle à venir vous joindre à Moi, en vous

---

51. Symbolise les gens.

approchant de Mon Trône de Grâce. Il est à votre portée. Venez à Moi et vous hériterez Mon Royaume dans le Ciel.

ΙΧΘΥΣ

12 avril 1995

— Mon Seigneur?

— Je Suis. La paix soit avec toi. Veux-tu écrire avec Nous[52], aujourd'hui?

— Seulement si Tu veux de moi, Seigneur.

— **Nous voulons… si tu restes avec Nous, petite, tu feras de bons progrès, aussi, toi qui appartiens à la Très Sainte Trinité, veux-tu Nous servir? En Nous servant, tu Nous obéiras et tu Nous glorifieras.**

— Avec la plus grande joie, je veux Vous servir.

— **Fais-Nous connaître, fais connaître de quelle façon Nous sommes venus à toi, puis permets-Nous de chanter par ta bouche Notre Nouveau Cantique[53].**

Ceux qui ne sont pas encore contaminés par les pouvoirs du monde seront attirés à Nous dans Notre Lumière Impérissable. Aujourd'hui, Nous t'envoyons comme une flamme ardente pour raviver dans chaque cœur cette flamme vacillante qui est presque éteinte.

Notre Présence par cet Appel est miséricorde.

Notre Présence parmi vous est bonté et tendresse, mais bientôt, Ma Voix sera entendue parmi vous comme un coup de tonnerre. Ma Voix sera celle de la Justice. Je vais venir puri-

---

52. Jésus parle de la Présence de Dieu le Père et du Saint Esprit.
53. Les Messages de «La vraie vie en Dieu».

fier la terre. Ma purification sera comme un petit Jugement, et ce sera avec droiture.

(Message de Jésus pour les Etats-Unis:)
— Dis-leur ceci:
Alors même que nombreux sont ceux que par Mon Appel J'ai personnellement ramenés en sécurité à la foi, la terre continue à languir dans la rébellion, dépérissant à cause de sa sécheresse. Si, en ces jours, Mes Yeux n'ont jamais cessé de verser des larmes de sang, c'est parce que tant d'entre vous, dont les yeux ont vu Ma Gloire, Ma Miséricorde et Ma puissante intervention durant ces dernières années, sont toujours aujourd'hui tentés de regarder en arrière ce que J'ai fait vœu de détruire!

Où êtes-vous, vous qui comptiez les minutes pour être avec Moi? Où est l'ardeur que vous aviez jadis pour défendre Mon Nom et le garder saint? Vous qui étiez loin de Mon Cœur et qui étiez venus à Moi en disant: «Je suis mal en point», et que J'ai guéris, vous vous êtes à nouveau mis à l'écoute de l'apathie. Dans Ma détresse, J'appelle, mais tant d'entre vous rejettent tous Mes avertissements! «Délivrez Mes Messages à toutes les cités, afin qu'elles changent leurs vies», dis-Je, mais Je n'ai pas plus tôt lancé Mon appel que Ma Voix est engloutie par cette obscurité béante qui habite Mes cités. Est-ce que Je compte si peu à vos yeux? Moi qui ai insufflé en vous un esprit vivant, n'ai-Je pas plus de valeur pour vous? Tant d'entre vous lisent et relisent Mes Messages mais sans les vivre parce que, Mes enfants, vous lisez sans comprendre[54]. Un

---

54. Plusieurs importantes prophéties dans ces messages se sont accomplies, mais aucune n'a été remarquée.

moment, votre cœur enflammé Me crie des louanges et l'instant d'après, la flamme en vous s'éteint.

Je vous ai traités aussi tendrement qu'un père traite ses enfants et J'ai révélé à votre cœur ce Trésor Inépuisable qui avait été caché durant des générations et qui était gardé pour votre Temps, ce Temps où la Connaissance et la Foi seraient méprisées à cause de la froideur du monde. Mon Trésor était réservé pour la fin des temps que vous vivez actuellement où, à Dieu, les gens préféreraient leur propre plaisir, s'adonnant à tout mal plutôt qu'au bien. De Mon Sacré-Cœur, Je déverse sur vous Mon Trésor Inépuisable comme des cascades de torrents, sur les montagnes et dans les vallées pour vous rendre forts dans votre amour et prêts pour Mon Royaume. J'ai été comme une source jaillissant dans les ravins, coulant entre les montagnes, attirant les assoiffés. Je vous ai offert durant ces dernières années tout ce que le Ciel a à offrir, aussi, dites-Moi, qu'aurais-Je pu faire de plus pour vous sauver que Je n'aie pas fait?

Mes enfants, Je vous ai donné Ma Loi au commencement pour vous garder en vie. Ma Loi à ce jour n'est pas observée parce que vous ne vivez pas dans l'amour de Dieu. Tant que vous n'avez aucun amour pour votre Père dans le Ciel, vous ne pouvez pas aimer votre prochain et vous ne pouvez pas dire que vous obéissez aux Commandements. Tant que ce qui vous était enseigné au commencement n'est pas vivant en vous, vous n'êtes toujours pas enracinés en Moi. Comment pouvez-vous dire: «Je vis en Jésus et en mon Père»? N'avez-vous pas entendu que des deux plus grands Commandements dépend la Loi tout entière?

Je vous le demande solennellement: «où est le gain, pour une personne, d'avoir gagné le monde entier, si elle a perdu le don de l'amour?» Avoir perdu le don de l'amour, c'est avoir perdu la connaissance de Dieu, car si quelqu'un est sans amour pour le Père, il enfreint tous les Commandements. Je vous le dis, si votre amour ne s'approfondit pas plus qu'il n'est actuellement et ne s'accroît pas, vous ne pourrez jamais entrer dans Mon Royaume. Apprenez à glorifier le Père et à L'aimer afin que le Père et Moi fassions Notre demeure avec vous. Apprenez à languir pour le Père et à Le désirer, afin que votre vie devienne une prière continuelle. Si vous dites que vous êtes de Dieu, alors aimez-vous les uns les autres autant que Je vous aime, afin que vous viviez une Vraie Vie en Dieu. Vos esprits n'ont-ils pas perçu Ma Gloire durant toutes ces années où Je vous ai enseigné?

Bientôt, Je vais retourner à vous, aussi ne vous aventurez pas à dire: «J'ai encore le temps de faire des progrès». Venez maintenant et repentez-vous! Le fruit du repentir est l'Amour. Aussi venez maintenant et apprenez à être bienveillants dans votre amour pour votre Père céleste. Apprenez à aimer non seulement votre prochain mais également ceux que vous considérez comme vos ennemis. Si vous êtes miséricordieux envers eux, alors votre Père dans le ciel vous fera miséricorde. Dans Ma Maisonnée, J'ai seulement de l'amour.

Je vous ai appelés par votre nom pour vous donner l'Espérance. J'ai ouvert Mon Sacré-Cœur et Je vous ai offert toute Ma Richesse et tous Mes Trésors que J'avais cachés durant des siècles. Je suis descendu de Mon Trône pour être parmi vous avec Mon Cœur dans Ma Main pour vous offrir à tous ce Trésor qui s'y trouve. Alors, lorsque J'ai ouvert Ma Bouche et que J'ai parlé, vous étiez éperdus de stupeur devant Ma parfaite beauté. Pour remuer votre amour et vous réveiller,

J'ai soufflé sur vous la senteur délicate de Mon parfum. Dans la jeunesse de votre conversion, vous M'avez librement ouvert votre cœur et vous M'avez demandé de vous conduire avec Ma houlette de Berger, et c'est ce que J'ai fait. Du troupeau que Je paissais, très peu sont restés dans le bercail. Votre résistance à la méchanceté n'a pas tenu. Vos pieds se sont progressivement égarés loin de Mon Cœur et vous avez hâté le pas vers la malveillance et la tromperie... Fastidieux, vous êtes devenus, et les ronces et les épines ont étouffé le peu d'amour qui poussait et qui était Mon délice et Mon honneur.

Comment pouvez-vous dire que vos yeux observent Mes Commandements lorsque, inlassablement, vous mettez à l'épreuve votre prochain? Mon Père et Moi avons fait tout le voyage depuis le Ciel pour rappeler à chacun de vous d'ouvrir vos cœurs pour Nous recevoir avant Mon passage visible sur cette terre. Priez pour que cette Heure ne vous trouve pas inconscients, avec un cœur de pierre. Priez afin que cette Heure ne vous trouve pas l'esprit vide. Venez à votre Roi avec un cœur ouvert et, vous aussi, vous partagerez Sa Table Royale qui est l'amour.

ΙΧΘΥΣ

28 avril 1995

— Vassula, laisse-Moi te chanter, Mon amie, le cantique que J'ai dans Mon Cœur! Ecris:

O Mon peuple, Mes amis, Ma famille, votre Seigneur va venir Se reposer dans votre cœur. Vous serez renouvelés en Ma Présence, car Je suis déterminé à vous entourer tous de chants de délivrance. Je suis déterminé à assembler tous les peuples de la terre et à les instruire.

Mon Nouveau Cantique est écrit afin d'honorer Mon Nom. N'avez-vous pas entendu que Mes intentions sont le Salut pour l'humanité? Mon Plan se maintient pour toujours et les intentions de Mon Cœur durent d'âge en âge.

Ecoute, Maison de l'Est! Ne reste pas sourde à Mes cris! Maison de l'Est bien-aimée, tu attendais que Ma Souveraineté descende du plus haut du ciel pour vous sauver, et maintenant Je te le dis: matin après matin, tu croîtras sur ton trône car, vois-tu, de ta terre germera une Pousse d'espérance, une Pousse de droiture et de parfaite paix, et les habitants de cette Maison répandront partout la paix...

Fille de Ma Maison de l'Est, déclare ceci avec des cris de joie, va proclamer Mes Paroles, dis:

«le Seigneur vient de Sa demeure sainte
pour consoler Son peuple et consolider Son Eglise».

Aujourd'hui, Mes Yeux sont posés sur un homme de bonne augure et la couronne lui sera donnée. C'est lui qui pousse de la Rive Est et qui Me glorifiera... et Mes anges descendront avec l'insigne royal dans leurs mains et le revêtiront pour le trône comme un souverain.

Ah! Vassula! danse et crie de joie, car ce jour est plus proche que jamais. Je prends déjà des mesures çà et là pour vous amener ce jour de festival[55], afin que toutes les infortunes du passé soient remplacées par la joie.

Maison de Tradition, n'as-tu pas entendu? N'as-tu pas encore compris que de ta Maison Je serai trois fois glorifié?

---

55. Jésus entend par là: l'Unité.

N'as-tu pas entendu que J'ai accordé les bénédictions du ciel à ta Pousse? De même que jadis tu étais une malédiction pour de nombreuses nations, ainsi J'entends t'élever pour que tu deviennes un baume de guérison pour Ma Maison de l'Ouest et une bénédiction pour les nations. Maison de l'Est! Une pousse victorieuse germe pour élever Ma Maison en une seule. Mes Lèvres tremblent d'émotion et Mon Cœur chante pour le oint... et les abîmes hurlent de rage au bruit de ses pas, parce que Ma Maison sera une. La Maison de l'Ouest et la Maison de l'Est vivront comme une seule, parce que Mon Nom sera leur lien, les revêtant d'une paix, d'une intégrité et d'un amour parfaits. Mon Nouveau Nom sera l'insigne royal entre ces deux Maisons...

Cela va arriver bientôt et en votre temps, aussi, ne dites pas: «le Seigneur prend <u>à nouveau</u> Son temps». Je vous ai dit que J'ai décidé, par Mon Amour que J'ai pour vous, de hâter Mon Plan. Ensemble avec Mon Armée, plus vite que prévu, J'entends piétiner Mon Ennemi[56] et les deux Bêtes[57]! Venez et apprenez: les meneurs de la destruction sont en fait trois esprits démoniaques[58], formant un triangle dont ils occupent chacun un angle, qui conduisent le monde entier dans leur monde abject, ivres du sang des saints et de tous ceux qui témoignent de Ma Divinité. Ne voyez-vous pas? Pour achever leur œuvre de destruction et la couronner de succès, il leur faudra supprimer la Chaire de Pierre et celui qui y siège. Leur but est de détruire Mon Eglise...

---

56. Satan.
57. Ap 13. 1-18.
58. Ap 16.13-14.

Mais n'ayez pas peur, J'ai promis que les portes de l'enfer ne tiendront jamais contre Elle [59]. Oui, c'est ce qui arrive maintenant. <u>Les meneurs de la destruction, brillants de leurs titres d'érudition, sont immondes</u> et leur puanteur a maintenant recouvert le monde entier. Ce sont ceux dont les Ecritures disent: «Ils sont capables d'opérer des miracles»[60], séduisant par leur habileté les dix tours du monde et, à partir d'elles, toutes les nations de la terre. Toutes sont en train de tomber sous leur charme… Une fois que leur armée sera complète, ils lèveront leur enseigne[61] et, ensemble avec les forces des trois esprits immondes, ils viendront ensemble faire la guerre contre Mon Sacrifice Perpétuel; c'est ce que les Ecritures appellent: «la guerre du Grand Jour du Dieu Tout-Puissant…» *(Ap 16.14).*

En fait, cette heure de grande iniquité et de grande détresse est déjà arrivée sur vous. Mais Je les mettrai en déroute, car Je suis le Seigneur des seigneurs et le Roi des rois. Et le Ciel, ensemble avec tous les saints, les apôtres et les prophètes, célébrera leur chute. J'apparaîtrai sur un cheval blanc, comme un combattant de justice[62] et Je rendrai le jugement pour tous Mes saints, apôtres et prophètes[63], contre le dragon[64], la Bête, le faux prophète alias la seconde Bête et les trois esprits immondes[65], et, avec Mon épée, Je frapperai chacun d'eux[66], et les tours qu'ils ont édifiées s'écrouleront.

---

59. Mt 16.18.
60. 2 Th 2. 9.
61. J'ai entendu en même temps le mot «bannière».
62. Ap 18.20.
63. Ap 19.11.
64. Ap 18.20.
65. Des esprits démoniaques (Ap 16.13).
66. Ap 19.20.

Ce sont tous les partisans des deux Bêtes, sous le nom d'Erudits! Comme des épines coupées, ils ont maintenant pénétré dans Mon Corps, mais J'extirperai chacune d'elles et Je les brûlerai dans le feu[67], et Mon Souffle dévorera le reste d'entre eux comme un feu… Puisque rien ne peut être caché à Mes Yeux, Je vous dis que sur chaque nation, la Bête et ses semblables ont établi un gouverneur, l'un des leurs, qui a établi leur autorité même sur chaque brin d'herbe.

Je suis avec toi pour t'enseigner comment comprendre. Ecris:

Déjà la seconde Bête, servante de la première, montre son immense pouvoir en entraînant constamment des étoiles[68] du ciel et en les lâchant sur la terre comme des figues. Ecoute et comprends: son pouvoir sera tel qu'elle grandira "jusqu'aux armées du ciel et qu'elle fera tomber à terre des armées et des étoiles, et les foulera aux pieds; elle défiera même la puissance du Prince de cette armée, et elle abolira le Sacrifice Perpétuel et renversera la fondation de Son sanctuaire"[69]. Ce sont ceux qui étaient jadis et ne sont plus. Ce sont ceux qui ont cessé d'être. Les armées du ciel et les étoiles étaient jadis les Miens, mais ils ont décidé de se séparer de Moi et de s'associer avec la bête. "Ils ont tous un seul dessein: mettre leurs forces et leurs pouvoirs à la disposition de la bête"[70]. Ils Me vendent chaque jour et Me profanent dans le Sacrifice Perpétuel, dans le Saint Sacrement de Mon Amour Divin.

---

67. Lire Ap 19. 11-21.
68. Des âmes vertueuses.
69. Dn 8. 10-11.
70. Ap 17.13.

Tu vois? Tu vois quel grand désordre s'en vient? Alors maintenant, que ta voix retentisse à travers toute la terre, et Mon Message jusqu'aux extrémités du monde. Aie Ma Paix pour que tu œuvres avec paix. Loue-Moi pour avoir donné à ton âme une nouvelle vie...

— Gloire à Dieu. Je Te remercie, de tout mon cœur, je Te remercie. J'ai été ravivée et Tu m'as donné un cœur de chair; ma chair s'est à nouveau épanouie. En me choisissant, Tu m'as élevée pour que je jouisse de Ta faveur, me permettant de vivre dans Ta Maison tous les jours de ma vie. Béni soit Dieu qui me permet de jouir à toute heure de Sa douceur, de Sa tendresse et de Ses grâces. La Parole de Dieu est vie. Apprends à ma langue à proclamer Ta bonté et à louer Ton Saint Nom, pour toujours et à jamais. Amen.

— **Viens; Je te bénis. Je continuerai à te nourrir et Je veillerai sur toi.**

ΙΧΘΥΣ

1er mai 1995

— Mon Seigneur, que Ton Saint Nom soit gardé glorieux à jamais. Mon cœur palpite de joie à Ta Présence et je me réjouis dans Ta faveur. Et tout ce que Tu m'ordonnes de faire, j'essaie de l'accomplir promptement. En Ta Présence, je sens la douceur de Ton Cœur et de Tes enseignements qui sont Vie, Joie, Paix, Amour et Sainteté. Ils sont un Cantique pour notre âme, révélant les mystères cachés de Ton Royaume. Mais lorsque de tout mon cœur et de toute ma voix, je chante Ton Cantique d'Amour, et que je bénis Ton Nom trois fois saint, ils viennent s'écraser sur moi, m'appelant «malfaitrice»; avec un sceptre de mensonge, ils siègent en tribunal, essayant toujours d'inventer de nouvelles accusations. Quand renonceront-ils à leur faute?

— Appuie-toi sur Moi; Je suis avec toi. Ne laisse pas ces choses inquiéter ton cœur. C'est Moi qui dirige Mon Eglise, alors ne te sens jamais découragée. Vassula, Ma fleur, souviens-toi: nul ne t'a instruite, sinon Moi. Je suis venu t'enseigner et, à travers toi, les autres. Je suis ton Maître et Je t'aime. Apprends de la Douceur Elle-Même; apprends, Mon élève, sans intérêt personnel, et transmets sans réserve.

Tu vois, Mon enfant, Je suis connu pour ne pas être intimidé par la grandeur humaine. Si ceux-ci se font juges et omettent d'observer saintement les choses saintes, ils seront eux-mêmes déclarés impies. As-tu oublié que J'ai été traité de blasphémateur et que c'est pour cette raison que J'ai été condamné? Alors, pourquoi es-tu surprise d'être jugée comme quelqu'un qui utilise un langage pervers et abusif? Ils M'ont jugé selon des critères humains, comme ils te jugent aujourd'hui. Mon enfant, n'aie pas peur, lo tedhal! Au jour du Jugement, ils viendront en tremblant devant Mon Trône pour la rétribution de leurs péchés, à moins qu'ils ne se repentent avant leur jour. Leur jugement impitoyable pour toi sera également impitoyable pour eux. Leurs accusations les accuseront. Je te le dis, Vassula, un jour, dans Mes cours, et au Jour du Jugement, tous ceux qui t'accusaient et te ridiculisaient seront frappés de remords pour avoir rejeté Mon Trésor Inépuisable duquel leur esprit aurait pu acquérir la Sagesse et gagner Mon amitié, cette amitié qui les aurait conduits dans la beauté de Ma Souveraineté et de Ma Splendeur, et dans l'intimité de leur Dieu. Tes accusateurs te regarderont et diront, comme dit l'Ecriture: «c'est celle dont nous nous moquions jadis, en butte à nos sarcasmes, fous

que nous étions! sa vie, nous la considérions comme folie…». Et toi, Mon enfant, tu regarderas en face chacun de
ceux qui t'avaient oppressée, et ils réaliseront combien ils
avaient rendu amère Ma Coupe…

Reste avec Moi dans Mon agonie; J'ai besoin de ton amitié.
Prie en Me disant ces paroles:

«Mon Seigneur,
puissent les paroles de ma bouche
trouver faveur et être consolation
pour Ton Sacré-Cœur.
Rédempteur du monde,
pourquoi trament-ils encore et toujours
des plans contre Toi?
Consolateur de Ta famille,
pourquoi continuent-ils
à Te charger de douleur et de chagrin?
Ami de l'humanité,
pourquoi les Tiens renient-ils
Ton Cœur blessé
et, dans le péché durant toute leur vie,
plantent-ils des bannières de trouble?
Les cieux déclarent ouvertement Ta Gloire,
et Ta Voix s'entend jusqu'aux extrémités du monde,
appelant:
"Retournez à Moi et Je vous donnerai
une nouvelle vie pour votre âme";
mais ce que Tu reçois,
c'est le mépris, mon Rédempteur;
et — ah! — tant raillent Ton Appel,
mon Consolateur!

Ami de l'humanité, Parfaite Beauté,
Lumière Trois fois Sainte,
Ton Amour est à nouveau trahi,
renié et mis à l'épreuve;
Tes ennemis se multiplient
et leur violence s'accroît;
Agneau Sacrificiel,
accusé par Tes accusateurs,
constamment attaqué par Tes agresseurs,
quand apparaîtras-Tu sur Ton cheval
comme le Combattant pour la Justice?»

Mienne, ne quitte jamais Mon Cœur; Mes ennemis te persécutent, mais en réalité, c'est Moi qu'ils persécutent[71]. Mon ange, Mon enfant, le Père t'envoie voyager pour Nous et témoigner; c'est pourquoi Ma marque est sur toi. Prends courage; Je suis à ton côté. Appelle-Moi quand tu es lasse et Je te porterai. Comble Mes assemblées et n'aie pas peur. Je suis Celui qui interviendra dans les moments de tyrannie pratiquée contre toi; aussi, sois patiente.

---

71. Allusion à Ac 9. 4-5.

10 mai 1995

— Mon Dieu, mon Seigneur, fais que sur la terre chaque langue parle de paix, de réconciliation, d'amour, de foi et d'unité. A un moment donné, envoie Ton Saint Esprit; montre à tous que Tu es notre Salut et notre Consolation. Viens raviver le peu qui reste, sinon, dans l'obscurité, comment les morts entendront-ils parler de Tes merveilles? Comment pourraient-ils voir Ta droiture si leur esprit gît toujours au pays de l'oubli? Ton amour pour moi a été tellement immense, Ta miséricorde insondable et, sans aucun mérite de ma part, Tu m'as offert la Sagesse, don inestimable... et Tu m'as donné la parole pour proclamer Ton Amour.

— **Ma fille, ouvre-Moi ton cœur[72] et dis-Moi tout...**

— Mon âme est troublée...

— **J'écoute...**

— Mes opposants s'opposent plus que jamais à moi... un clan brutal est à mes trousses.

— **Ecoute et comprends: Je t'ai alloué un siège de prophète; aussi, pour le reste de ta vie, tu prophétiseras et tu seras associée à Mes Oeuvres, mais également à tout ce que les prophètes ont eu à endurer. Ne reste pas là comme si tu étais soudain devenue veuve... trouve ton soulagement dans Mon Amour, car Je suis avec toi. Aie Ma Paix... veux-tu écrire?**

— Si Tu veux de moi, Seigneur.

— **Je veux... écoute et écris. Vassula, Je pense que tu as maintenant remarqué combien les fortifications de Satan deviennent puissantes; c'est pourquoi J'ai décidé de hâter Mon**

---

72. Je n'avais pas encore dit où je voulais en venir.

Jour. Que l'humanité le sache: <u>Je vais hâter le Jour de Mon Retour</u>.

Une fois, il n'y a pas bien longtemps, Je t'ai dit de te dépêcher avec Mon Oeuvre, parce que vous étiez à l'aube de grands événements. Puis, plus tard, Je suis à nouveau venu te dire que vous vous trouvez face aux grandes tribulations à venir. Mais maintenant, Je vous dis: offrez-Moi de l'encens et priez chaque jour, afin que Je puisse vous accorder la grâce du soulagement.

Ma fille, la désolation s'en vient, la désolation est bien en route vers Mon sanctuaire; ces ténèbres de l'iniquité que Je vous ai prédites, les trois ans et demi sont déjà sur vous; cette heure est déjà arrivée sur vous depuis le début de ce printemps. Ta génération est entrée dans le début des douleurs et des épreuves, ces terribles temps de l'iniquité, les temps de l'abomination et de la désolation, l'heure des ombres et de la Bête, les temps trois fois maudits par Satan, l'heure où il a juré de harceler Mes saints et Mes anges[73]. Les temps sont arrivés où le malin va envoyer l'un des siens changer Ma Loi et les saisons. Il vous paraîtra alors que la Souveraineté et la Splendeur n'est plus autour de vous; il paraîtra à Mes saints que Ma Cour n'est plus là pour ouvrir les livres[74]; il vous semblera que Je vous ai abandonnés tous. Il vous paraîtra à tous que les deux Bêtes se sont avérées les plus fortes. Mais cela ne sera que pour peu de temps, jusqu'à Mon Retour. Je viendrai comme un voleur...

Je viendrai sur vous soudainement pour briser le sceptre du mensonge, et la terre tremblera. D'un seul de Mes regards,

---

73. «Anges» signifie ici «messagers».
74. Symbolise la Justice de Dieu.

Je secouerai la rébellion de chaque nation et, dans Mes Flammes, Je dissoudrai cette rébellion qui a amené sur vous, comme un fléau, cette Apostasie. Je délogerai les apostats et les trônes de ceux qui ont changé les saisons, Ma Tradition et qui passaient leur vie à contredire et à s'opposer à Mes Abels[75] et à celui[76] qui les paît[77]. Je vais arpenter la terre et Je ne laisserai pas une seule pierre non retournée, car J'ai juré de dévorer de Mes Flammes tout ce qui ne vient pas de Moi et qui profanait Mon image.

Durant des années maintenant, Je vous ai envoyé parmi vous de nouveaux apôtres pour qu'ils vous rappellent Ma Loi et pour que vous écoutiez Mes avertissements[78]. Depuis plusieurs années maintenant, ils ont prophétisé, mais si peu ont écouté… Je les ai envoyés pour vous rappeler d'appliquer Ma Loi et de pratiquer la gentillesse et la compassion les uns envers les autres. Je les ai envoyés pour être Mon Echo, te rappelant, génération, de rendre l'amour pour le mal et de vous aimer les uns les autres, mais, à ce jour, vos cœurs sont fermés et sont plus durs que jamais… Vous n'appliquez pas Ma Loi, pas plus que vous ne suivez Mes requêtes. Vos cœurs continuent à projeter le mal les uns contre les autres et sont inflexibles au lieu d'écouter Mes Appels que J'ai fait connaître par Mon Saint Esprit, au travers de Mes nouveaux apôtres de vos jours…

Génération, puisque tu as fait toutes ces choses que J'abhorre et que tu n'as pas pratiqué l'amour et la paix, mais au con-

---

75. Les prêtres loyaux.
76. Le pape Jean-Paul II.
77. En anglais: «the one who sheperds them».
78. Jésus a soupiré, exprimant une grande lassitude.

traire la rébellion, tu recevras selon ta mesure… ce que tu as semé, tu vas maintenant le récolter…

— N'y a-t-il pas de parole d'espérance pour les fidèles, les Abels, comme Tu les appelles, mon Seigneur?

— A mes Abels, Je dis: Je ferai connaître Ma Justice. N'ayez pas peur. Je vous connais par votre nom et vous Me connaissez. Soyez toujours désireux de paix avec tout le monde. Assurez-vous que nul ne désobéisse à son guide, afin que nulle racine de rébellion ne commence en lui. Continuez dans Ma grâce et ne durcissez pas vos cœurs. Je suis votre Espérance, et soyez enracinés en Moi. Je prendrai soin de vous lorsque l'iniquité aura atteint son point culminant. Je vous aime tous éternellement. Soyez un en Mon Nom.

ΙΧΘΥΣ ⤳⊂▷

12 mai 1995

— L'Ecriture dit: «Si une propriété n'a pas de clôture, elle sera pillée»[79]. Seigneur, que Tes bras soient ma clôture; protège-moi, moi qui suis Ta propriété. Ne permets pas au Pillard de pénétrer dans Ta propriété et d'en faire une dévastation, sinon, je finirai dans les flammes!

— Moi Jésus, Je serai toujours ta protection[80]. Ne perds pas la paix que Je t'ai donnée… Ta nourriture, c'est faire Ma Volonté. Par grâce, Je t'ai élevée pour être Ma messagère et, par grâce, tu achèveras ton œuvre avec Moi. Ne sois pas étonnée de la manière que J'ai répandu Mon Message. Ouvre ton oreille, Ma fille, et écoute le son de Mes Pas; Je ne suis

---

79. Si 36.25.
80. Jésus a utilisé le mot «protection» et non «protecteur».

pas loin de vous[81]. Oeuvre pour Mon Eglise. Moi Jésus Christ, J'ai préparé pour toi de l'eau à boire et pour te soulager. Je sais que c'est dur, Ma bien-aimée, de traverser ce désert impitoyable, mais Je suis avec toi...

(C'est maintenant le Père Eternel qui parle:)
— Moi, ton Père Céleste, Je te bénis. Chaque parole que tu prononces sur Moi Me glorifie. Chaque cœur conquis alors que tu parles te sanctifie... Chaque blâme jeté injustement sur toi purifie ton âme, l'attirant plus près de Moi. Même si tous, même tes plus chers amis, t'abandonnaient, Moi, Je ne t'abandonnerai jamais. Tu es Mon délice; te mener est également pour Moi un délice.

Je t'ai confié Mon œuvre, aussi, comme une lampe, garde-la allumée et brillante. Ton ère est obscure, Mon enfant, mais en utilisant ce que Je t'ai prêché et enseigné, beaucoup verront le <u>Chemin</u> et comprendront que Je suis leur Source de <u>Vie</u>. Beaucoup seront attirés et jouiront de la lumière que Je leur donne et, dans cette lumière que Je répands sur eux, ils apprendront la seule <u>Vérité</u> qui est que Je suis l'unique vrai Dieu, et que Jésus Christ, Mon Fils unique, Seigneur des seigneurs, est le Messie. Mes enseignements leur donneront une meilleure connaissance de Ma Parole. Je t'ai dit tout cela afin que tu trouves la paix en Moi, et la consolation. Souviens-toi également, Ma fille, que dans les moments de danger, Je t'élèverai. Je te garantis que tu atteindras le bout de la route que J'ai tracée pour toi. Bien que tu continues à être un signe de contradiction, tu accompliras ta mission avec Moi et tu Me glorifieras...

---

81. Jésus fait allusion à Son Retour.

(C'est Notre-Dame qui parle:)
— Pethi Mou[82], les desseins du Tout-Puissant sont si profonds, dans Son Message, que beaucoup seront guéris. Mon Fils est avec toi. Je suis également avec toi. Je suis venue t'assurer de Mon assistance, ... ajoute à tous tes dons un visage souriant[83]... Continue à plaire à Dieu en prophétisant et en montrant à chaque nation ce qu'Il t'a vraiment révélé, afin que tous ceux qui t'écoutent puissent Le reconnaître comme le Sauveur et comme l'Amour... Continue à attirer chaque âme dans l'intimité de Dieu. Attire Mes enfants dans le Divin Amour de Dieu. Et toi, Ma fille, grandis dans Son Esprit et ne te sens jamais abattue. Répands Son Message comme tu le fais maintenant et reste rassurée. Dieu-est-avec-toi...

(C'est maintenant Saint Michel Archange qui parle:)
— Vassula, n'as-tu pas lu: «Comme un jeune homme épousant une vierge, ainsi t'épousera Celui qui t'a formée... et comme l'époux se réjouit en son épouse, ainsi Se réjouit en toi ton Dieu». Sache ceci, Vassula, chaque fois qu'une âme se réveille et trouve Dieu, tout le ciel se réjouit et célèbre; tout comme les hommes sont heureux et célèbrent lorsqu'ils sont invités à un mariage, ainsi en est-il lorsque le ciel célèbre...
Je veux te dire que plusieurs fois tu as fait augmenter Notre joie dans le ciel lorsque, dans ta nullité, tu as glorifié le Tout-Puissant en amenant des âmes à aimer Dieu... aussi, n'aie

---

82. Grec: Mon enfant.
83. En disant ces mots, Notre-Dame sourit et eut l'air de me taquiner gentiment à cause de mon visage affligé. Alors qu'Elle me disait cela, non seulement mon visage s'illumina immédiatement, mais je me suis trouvée à rire avec délice.

pas peur. Et maintenant, écris à nouveau ce qui a été inscrit sur une tablette et dans un livre, il y a longtemps, mais est resté pour être un témoin pour toujours, afin que cela serve dans le temps à venir: «C'est un peuple rebelle; ce sont des fils menteurs, des fils qui n'écoutent pas les ordres de Yahvé. Aux voyants, ils disent "n'ayez pas de visions"; aux prophètes "ne nous prophétisez pas la vérité; dites-nous des choses flatteuses; ayez des visions illusoires; écartez-vous du chemin, quittez le sentier, écartez le Très Saint de notre vue"»[84].

Dans peu de temps, dans très peu de temps, le Très Saint va venir comme une flamme d'un feu dévorant et surprendra les arrogants, mais les humbles se réjouiront pour avoir placé leur espérance en Lui. Le Salut vient d'en-haut; la Souveraineté Se penche du ciel pour vous être gracieux. Aussi, quiconque écoute Ses Appels et se prépare en se repentant sera comme l'homme sensé qui a construit sa maison sur le roc. Le Seigneur est ton Rocher. Je suis le gardien[85] de votre maison[86], et le Seigneur, la fondation de votre maison...

Et maintenant, fille du Très-Haut, un seul conseil: reste enracinée en Dieu, en Son Amour, et nulle attaque ne sera capable de t'ébranler. Reste unie à la Très Sainte Trinité et tu ébranleras tes accusateurs par ta ferme résistance aux tentations. Reste dans la Très Sainte Trinité et tu auras en toi la force pour cette bataille, afin de tenir jusqu'à la fin, sans jamais abandonner. Tu obtiendras assez de grâce de la glorieuse puissance de Dieu pour que tu accomplisses ta mis-

---

84. Is 30. 8-11.
85. Cf. Dn 12.1: «En ce temps-là, se dressera Michel, le grand Prince qui monte la garde sur Ton peuple».
86. Le mot «maison» peut être pris comme «âme».

sion. Tout sera fait en parfaite harmonie et tu apprendras à supporter tes épreuves avec une joie stupéfiante.

Gloire à Lui qui déverse sur toi Ses Grâces pour te maintenir dans Sa Lumière, Sa Miséricorde pour soutenir Sa Justice, Sa Force pour que tu vives selon Ses Commandements. Yahvé est juste et bon, plein de pitié pour Ses enfants, fidèle et véridique en tous temps. Inlassablement, Il offre Ses dons et partage Ses Trésors, attirant chaque âme dans Son Cœur. N'aie pas peur. Yahvé-est-avec-toi.

Saint Michel, l'Archange de Dieu, Yahvé.

CAHIER 79

Galilée, Terre Sainte, 29 mai 1995

(Tard dans la nuit, en Galilée)

— J'ai dit: «J'irai dans le territoire de mon Seigneur et je chercherai Sa Face». Mon cœur a dit de Toi: «Recherche Sa Face et jouis de la douceur de Son sourire; réponds à Son appel, réponds à Son Appel vers Son Pays».

Mon Seigneur, Roi! Joie de mon cœur, Source de mon âme, mon cœur exulte en Ta Présence et mon âme se réjouit en Ton abondant Amour! Mon seul Amour, viens manifester Ta merveilleuse gentillesse en cette nation tourmentée. Ta Présence leur apportera l'Espérance. Tes Yeux sont connus pour se fixer sur ce qui est juste, et Ton jugement est vrai. Joie de mon cœur, es-Tu présent ou Te caches-Tu de moi? Ecoutes-Tu cet appel plus faible que jamais?

— **Ma Vassula, sais-tu que Mes Yeux n'ont jamais cessé de te suivre depuis le moment où tu es née? Je suis <u>tout le temps</u> — oui! — <u>avec toi</u> — oui![87] — <u>et présent</u>!**

...[88] Allons, juste une petite prière; dis:

---

87. Jésus m'a demandé de souligner trois fois ces mots afin de les faire ressortir.

Béni soit Ton Nom,
ô Toi qui écoutes ma prière!
Béni sois-Tu, mon Seigneur,
Toi qui as retiré mon âme de l'abîme;
des hauteurs, Tu m'as regardé(e)
et Tu as humilié mon âme
(en me faisant jeûner dès le ventre de ma mère)[89];

bénie soit Ta Bienveillance
qui m'a attiré(e) dans Ton Cœur
pour me sauver et me libérer;
Dieu, Tu es mon salut,
mes richesses, ma vue et ma vie;

Toi qui journellement enchantes mon âme
et réjouis mon cœur de Ta Présence,
permets-moi de profiter de Ta Présence:
paix, intégrité, amour et un
esprit de pardon;

qu'avec amour, chaque fibre de mon cœur
proclame Ta Gloire;
écoute ma prière,
maintenant que je suis Ton hôte passager
dans Ton pays,
et réponds-moi;
Amen.

---

88. Il y eut un bref silence, puis Jésus a changé de ton et d'attitude, et c'est très rapidement qu'Il a dit «Allons, juste une petite prière», comme si nous devions nous dépêcher, tout en me traitant comme une faible enfant, d'un ton paternel. C'est l'un de Ses modes d'expression typiques.

89. J'ai mis entre parenthèses cette phrase qui ne s'applique qu'à moi.

… c'est tout. Que mes autres hôtes[90], que Je bénis, lisent également cette prière.

Tout ce que Je demande est: amour — amour — amour! Jésus est Mon Nom.

ic

30 mai 1995

(De retour à Bethléem)

— Vassula, Je suis avec toi et tout ce que Je demande est l'amour. Dis-leur et fais-leur comprendre à tous que l'amour est le chemin du ciel. L'amour conquiert les cœurs et agrandit Mon Royaume. L'amour est la clé pour mettre fin à cette Apostasie. L'amour vous est donné gratuitement; demandez le don de l'amour et Je vous le donnerai. Mon Thème d'Amour[91] est donné à toutes les nations, et ceux qui veulent entendre l'entendront.

Priez, priez, priez, mais faites-le avec amour. Ouvrez vos cœurs et Je les guérirai. Rendez l'amour pour le mal; recherchez le bien et la Bonté d'en-haut vous répondra et vous transformera à Notre Ressemblance. Je sais toutes choses et J'observe toutes choses, et ce que Je vois en cette génération n'est pas en accord avec Notre Ressemblance. L'insolence, la violence, la cupidité, la vanité, la méchanceté — qui a sur-

---

90. J'avais été appelée à témoigner à Ramallah, à Bir Zeit, à Bethléem et à Jifna. J'étais accompagnée du Père Michael O'Carroll, de catholiques de Bethléem et d'une vingtaine de pèlerins, la plupart orthodoxes grecs venus de l'île de Rhodes et d'Athènes, les autres pèlerins étant venus de France, de Suisse, de Hollande et de Puerto Rico. Ce message leur a été lu alors que nous étions en bateau sur la Mer de Galilée.

91. Le Message de «La vraie vie en Dieu».

passé la méchanceté des démons —, la rébellion contre Moi et contre tout ce qui est saint, et tous les vices qui peuvent amener votre âme à la ruine sont ce que pratique la majeure partie de cette génération. Chaque sorte de méfait est un péché…

Elevez vos yeux et soyez avides de Me trouver, et ne tombez pas victimes de la beauté mondaine, car la vénération de cette sorte de beauté est la cause de tant de maux. Maintenant, pour couronner votre méchanceté, vous tramez votre plan à la ressemblance de la bête et, ensemble, génération, vous allez commettre votre crime: abolir Mon Sacrifice Perpétuel et ériger à sa place la désastreuse abomination.

N'avez-vous pas entendu: «Lorsque l'homme droit renonce à son intégrité pour commettre le péché et meurt à cause de cela, il meurt à cause du mal qu'il a lui-même commis; mais lorsque le pécheur renonce au péché pour devenir honnête et respectueux de la loi, il mérite de vivre; il a choisi de renoncer à tous ses péchés passés; il vivra certainement; il ne mourra pas»[92].

Mes Yeux versent des larmes de Sang et Mes Paupières fondent en larmes. Oh! combien tu Me causes de chagrin, génération, parce que la Mort s'est introduite dans ta maison et tu ne le réalises pas! Si peu se repentent… mais la plupart d'entre vous, génération, ne disent pas ce qu'ils devraient; vous ne vous repentez pas de votre méchanceté en disant: «Qu'ai-je fait de ma vie, de mon âme et de mon cœur»? Le plus léger signe de regret de vos péchés, et Je pardonnerai et J'oublierai. Heureux ceux qui méditent Mes paroles et Ma

---

92. Ez 18. 26-28.

supplication, et raisonnent avec bon sens: ils seront sauvés. Je vous bénis; de tout Mon Cœur, Je vous bénis.

ic

15 juin 1995

— Ta Parole, mon Roi, est un baume curatif. Lorsque ma vie était plus ignoble que l'argile, Ta Parole a été prononcée à mon oreille et, instantanément, l'invisible est devenu visible et, comme un monde inconnu de moi, comme une lumière inconnue de l'aveugle, tout brilla soudain d'une lumière éclatante. Comme les étoiles brillamment étincelantes qui, la nuit, illuminent le ciel, Ta Parole m'a donné la vue pour que j'entre dans Ton Mystère. Je Te bénis, mon Seigneur, car maintenant Ton Amour est visible devant mes yeux, amenant mon âme à vivre dans la loyauté envers Toi pour toujours et à jamais.

— Oui! entre dans le mystère de Mon Cœur et reçois Ma Paix. Ma fleur, ne substitue jamais d'autres choses à ton temps d'écriture; tu as <u>toute</u> la journée et Je serai content si tu viens à Moi en méditation. Souviens-toi: l'amour est toujours patient, aussi, sois également patiente. Ne cours pas en Me devançant comme tu l'as fait ces jours passés...

L'amour, l'amour vrai, endurera épreuves, revers, tout. Place-Moi en premier et au-dessus de tout. Evangélise avec amour pour l'Amour, et glorifie-Moi. Rejette, Mon enfant, tout ce qui mène au mal, et immerge-toi dans tout ce qui est bon et saint et qui te mènera à la vie éternelle. Je suis Saint et Bon... [93]Je brûle d'un désir...

---

93. Soudain, le Seigneur S'est arrêté et, changeant de ton, comme quelqu'un qui veut confier un secret, a dit ce qui suit.

— Quel désir, mon Seigneur?

— De voir Mon Eglise unie et une...

Prie pour l'unité, et n'écoute pas ceux qui ne veulent pas l'unité. Le Diviseur les garde séparés et agressifs dans leur esprit.

Quiconque n'œuvre pas sincèrement et de tout son cœur pour l'unité afflige sérieusement Mon Saint Esprit. J'implore ceux qui s'assemblent pour mener Mon Eglise à être une, d'imprégner leurs esprits de ces mots:

— <u>humilité et amour</u> —

L'humilité et l'amour sont les clés de l'unité. Ce n'est pas l'éloquence de la parole ni les longs discours qui les mèneront à l'unité. Ce n'est pas leur échange de louanges les uns envers les autres qui mèneront Mon Eglise à être une. Toutes ces choses Me lassent... La dévastation et la ruine ont pénétré dans Mon Sanctuaire, alors, quelles louanges peuvent-ils échanger les uns avec les autres? Où est leur honneur? <u>Inclinez-vous</u> afin que vous puissiez voir Ma Volonté; <u>abaissez</u> votre voix afin que vous entendiez le Salut qui vous parle depuis les sommets de la gloire. C'est <u>dans</u> votre conversion que votre cœur M'entendra et mènera Mon Eglise à être une, unifiant Mon Corps. C'est <u>dans</u> la splendeur de la Vérité que vous répandrez à nouveau le parfum et que vous ferez que chacun se reconnaîtra comme partie d'un seul corps. C'est dans le partage que vous les amènerez tous près les uns des autres. Pour cela, vous avez besoin de changer <u>dans</u> votre cœur et de fleurir dans la conversion. Si vous faites ces choses et que vous lavez votre cœur de vos péchés, Moi, à Mon tour, Je multiplierai Mes remèdes et Je vous guérirai entièrement.

J'amènerai sur vous une croissance spirituelle qui amènera le reste de Ma création à habiter sous votre toit.

Si vous qui avez cessé d'être, vous permettez à Mon Saint Esprit, le Donneur de Vie, de vous séduire, J'amènerai votre cœur à une révolution spirituelle d'amour telle que votre ère n'en a jamais vue…

Ah! Ma fille, prie pour que la maison de l'Est et celle de l'Ouest se joignent ensemble, comme deux mains lorsqu'elles sont unies dans la prière, comme une paire de mains, semblables, et pleines de beauté lorsqu'elles sont unies, dirigées vers le Ciel lorsqu'elles sont en prière. Que ces deux mains, appartenant au même corps œuvrent ensemble et partagent leur capacité et leurs ressources l'une avec l'autre… Qu'ensemble, ces deux Mains M'élèvent… Ah! quand ces deux Mains de Mon Corps M'élèveront-elles au-dessus de l'Autel[94], Me tenant ensemble? Oh! venez! Je ne veux pas de longs discours. Qui veut être le premier et le meilleur d'entre vous doit être l'esclave de tous. Je suis là! Voyez vous-mêmes! Et il y a dans Mon Cœur des trésors infinis. Aussi, ne dites pas: «Où, où puis-je trouver mes réponses?» Equipez-vous de ce trésor de Mon Cœur et vous ramènerez ensemble ceux qui ont été égarés, et Je régnerai sur eux tous et vous dédierez au monde entier Mon trésor de Mon Sacré-Cœur.

Et toi, Ma fille, en Me donnant ton temps, tu Me plais et cela M'honore. En M'aimant, tu Me réjouis et tu Me glorifies; en Me désirant, tu Me charmes à la folie. La quantité qui M'est donnée de ton cœur est la quantité qui te sera rendue de

---

94. Le Christ entend par là: lors de la Messe, après la Consécration, à l'Elévation de Son Corps et de Son Sang.

Mon Trône. Ma grâce est sur toi et Ma Main sur la tienne... repose-toi en Moi. Je t'aime et le Père t'aime, parce que tu M'aimes.

— Amour, je T'aime.

— J'en guérirai beaucoup à travers ces messages. Fais ta part, Ma Vassula, et J'achèverai ton travail dans Ma Divinité. Viens, Je serai avec toi lorsque tu feras tes autres petites tâches[95]. Moi, Jésus, Je t'aime. Aie Mes bénédictions.

16 juin 1995

— Dans le péché de mon âme, Tu m'as visitée avec amour. Tu n'es pas venu avec un bâton me réprimander, pas plus que Ta Splendeur n'est venue à moi avec rancune; Tu as plutôt visité mon âme avec des bénédictions pour guérir l'obscurité de mon âme.

Amoureux de Ta création, aide-nous tous et enseigne-nous ce qui Te plaît, afin que tout ce que nous faisons soit acceptable à Tes Yeux.

Comme Tu le sais, Seigneur, le péché est devenu l'oracle des méchants; nous péchons autant que nous respirons. Pourquoi ce violent tumulte parmi Ta création? Pourquoi cette impureté? Pourquoi cette révolte?

Je me prosterne par révérence envers Toi et je Te demande:

---

95. Mes travaux ménagers, bien sûr...

Durant combien de temps Tes fils et Tes filles continueront-ils à être mis dans la confusion par le Malin? Dans Ta justice salvatrice, mon Seigneur, aide-nous et dis-nous ce qui a le plus besoin de changer.

— La paix soit avec toi. Je Me délecte de t'entendre. Tout ce dont J'ai besoin est amour, amour, amour. L'amour peut tout. Aussi, aime-Moi et continue à croître dans Mon Amour. Alors, il ne restera aucun endroit obscur en toi. L'Amour effacera tes souillures et tes taches. L'Amour guérit; Il amende. L'Amour amène de bons fruits, des fruits qui durent...

N'as-tu pas entendu, Mon enfant, que celui qui M'aime est l'un des Miens et Me connaît? N'as-tu pas entendu qu'au Jour du Jugement, vous serez jugés à la mesure de votre amour? Tu M'as demandé, tu M'as dit: «Pourquoi ce violent tumulte parmi Ta création? Pourquoi cette impureté? Pourquoi cette révolte?»

Ma chère enfant, c'est le prélude de Ma venue. Toi qui M'aimes, tu n'auras à souffrir que durant très peu de temps; toi qui t'inclines devant Ma puissance, tu seras récompensé; toi qui n'as pas oublié ton Créateur, tu Me verras dans Ma Gloire... Mon Retour est aussi certain que l'aurore.

Tu demandes, Ma fille: «Dis-nous ce qui a le plus besoin de changer».

<u>J'ai besoin d'amour fidèle</u>, car l'amour fidèle est ce qui Me plaît.

— Consolateur de Ta famille, Ami de l'humanité, Lumière trois fois Sainte, Bien-aimé du Père, Lumière céleste dans la nuit, Montagne de Myrrhe et d'Encens, Délice du Père, Emerveillement de Ta Mère, attire-nous tous dans Ton Amour; ravis notre cœur d'un seul regard, appelle-nous dans Ton

Royaume puisque Tu Te délectes à montrer un amour fidèle; convertis-nous en Ta Flamme d'Amour. Que cette terreur de la nuit qui est devant nous prenne fin et nous contemplerons tous Ta justice salvatrice.

— **Je désirais seulement entendre à nouveau cela de toi; Ma fleur, Je continuerai à t'utiliser. Ma bien-aimée, viens maintenant, et prends plaisir à te reposer dans Mon Cœur. Moi, Jésus, qui t'ai élevée, Je t'aime et Je te bénis.**

19 juin 1995

— **La paix soit avec toi… Panse Mes Plaies avec amour en Mon Saint Esprit. Recherche toujours Mon Saint Esprit. Viens et apprends:**

Pour préserver ton âme de toute mauvaise disposition et des tentations, demande à Mon Saint Esprit, le Donneur de Vie, de te gouverner dans la sainteté et de t'aider à croître en grâce et en sagesse, afin que tu ne sois pas toi aussi emporté(e) par les erreurs qui sont de plus en plus promulguées dans Mon Eglise. Demande à <u>Mon Saint Esprit de Connaissance</u>[96] que tu ne tombes pas dans les distorsions que l'on fait de Ma Parole, mais que <u>tu viennes à Nous connaître comme trois</u>

---

96. En anglais: Spirit of Knowledge; également appelé "Esprit de Science".

fois Saints[97] et, en Nous connaissant, que tu te connaisses toi-même à Notre Reflet, à Notre Image.

J'ai dit «toi aussi», parce que beaucoup de ceux que J'avais élevés se sont soit relâchés, soit ont chuté… Ils ont déserté Mes saintes règles que Je leur avais confiées. Ils M'ont fait défaut, parce qu'ils ont cédé à leurs impulsions… Ils ne M'ont pas placé en premier[98]; ils ont placé en premier leurs intérêts, non les Miens.

Demande à <u>Mon Saint Esprit de Sagesse</u> de rechercher Ma Vigne Céleste, afin que ton âme aspire à ses fruits. Viens et implore Mon Saint Esprit de Sagesse de te visiter dans ta pauvreté; dans ta pauvreté, Il ne fuira pas, Il te traitera en ami et te courtisera, et, dans Sa pure émanation, Il fera tourner ton esprit uniquement vers les choses célestes, Nous[99] demandant ce qui est saint et impérissable. Mon Saint Esprit de Sagesse te montrera Notre[100] Royaume, Royaume de piété réservé aux droits et aux saints. Aussi, ne sois pas comme ceux qui, journellement, brisent Mon Cœur et qui sans cesse chagrinent Mon Esprit, pour devenir de constants rebelles, un Caïn sans merci. Rends droit ton cœur, et Mon Esprit de Sagesse sera ton guide et ton directeur pour te mener dans Notre Royaume qui a été préparé pour vous depuis la fondation du monde.

Implore, et <u>Mon Saint Esprit de Compréhension</u>[101] descendra dans ta nullité comme un brillant soleil avec, dans tes

---

97. La Très Sainte Trinité.
98. J'ai également compris: «ils n'ont pas placé l'Amour en premier».
99. La Sainte Trinité.
100. La Sainte Trinité.
101. En anglais: Spirit of Understanding; également appelé "Esprit d'Intelligence".

yeux, des rayons de guérison, et toutes les choses qui te paraissaient obscures et hors de ton atteinte seront dévoilées. Et dans ta nullité, Mon Esprit de Compréhension te conduira dans le mystère de la Vérité Divine. Ne laisse pas Mon Esprit te trouver mal disposé ou rebelle; laisse-Le éclairer ton esprit et, dans le contraste de ta nullité, Mon Saint Esprit de Compréhension sera Tout ce qui te manque. Compagnon et Ami, Il ne te cachera aucun mystère, mais t'offrira des enseignements que nul esprit n'a compris, des choses dépassant l'intelligence de l'humanité, entrant dans l'impénétrable et dans l'impérissable, atteignant les profondeurs de Dieu. Aussi, ne sois pas comme les érudits et les philosophes de votre temps, qui justifient leur philosophie sur le modèle de leur propre esprit rationaliste. La chair et le sang ne peuvent pas révéler ce qui vient de l'Esprit. Je puis t'offrir Mon Royaume et Mon Esprit peut conduire tes pas dans Mon Royaume. Alors, viens hériter ce qui dure pour toujours, en permettant à Mon Esprit de Compréhension d'illuminer ton esprit et ton corps de Sa Lumière Divine en Lui permettant d'animer ton âme dans l'intimité que Nous[102] désirons de toi en Nous.

Mes fils, Mes filles, venez à Nous dans votre silence pour obtenir les dons que Nous pouvons vous offrir. Trois fois Saint est Notre Nom.

Ne suis pas une philosophie basée sur l'intellect humain, car la vipère nichera en toi. Viens plutôt à Nous et obtiens les Dons de l'Esprit, qui peuvent transfigurer ton âme en Notre Ciel. Demande-Nous avec ton cœur et tu obtiendras. Reconnais-Nous dans Notre Sainteté Trinitaire et tu seras appelé

---

102. La Sainte Trinité.

«Notre enfant, Nôtre», car Nous ferons de ton âme un vivant portrait de Notre Sainteté, une image visible de l'Invisible, un attrait pour toutes les choses sacrées qui vous ont été déclarées pour votre salut depuis le commencement des Temps.

Ecoute et comprends: tu veux être de la parenté du <u>Saint Esprit de Conseil</u> et être sûr que tu gagneras le ciel? <u>Reconnais-Nous dans Notre Sainteté Trinitaire</u> et tu seras élevé par Nos Anges pour découvrir Celui-qui-est. Demande conseil et tu seras conseillé pour faire le bien tous les jours de ta vie. Le Royaume est préparé pour toi qui fais le bien. Apprends à rendre l'amour pour le mal. Tu connais les Commandements et tu sais également que sur les deux plus grands reposent toute la Loi et les prophètes. Tu n'as pas besoin d'être riche pour entrer dans Mon Royaume, ni instruit. Mon Royaume est donné aux pauvres en esprit et à ceux qui crient: «Dieu, accorde-moi Ta miséricorde, à moi, pécheur». Mon Royaume est donné à de simples enfants et aux humbles qui savent appeler: «Abba!» Recherche-Moi, Moi ton Seigneur; Je suis Amour.

Recherchez l'Amour, vous tous les humbles de la terre qui obéissez à Mes Commandements.

Demande Mon Esprit de Conseil pour te faire désirer l'intégrité, l'humilité, la loyauté et la bonté, afin que tes pas ne te fassent pas défaut en t'amenant à faire le mal. Infailliblement, Mon Esprit de Conseil te fera connaître Sa Loi et te conseillera en te disant: «N'égale personne à Dieu; sers la cause du bien; soulage les opprimés; ne fais de mal à personne, mais aimez-vous et aidez-vous les uns les autres. N'afflige pas ni ne harcèle la veuve, ni ne montre de dureté envers l'orphelin. Pratique le bien et ne sois pas comme les scélérats et les méchants qui ruinent leur âme en ruinant les désarmés. Ne te rebelle jamais contre ton Dieu mais incline ta tête et plie ton genou en Sa Sainte Présence. Ne substitue jamais Son Sacrifice Perpétuel, même pour tous les royaumes du monde et leur splendeur.» Sois alerte à ces conseils et tu embaumeras, et ton bonheur sera comme un fleuve se répartissant en plusieurs ruisseaux, annonçant et conseillant aux autres de rechercher le Royaume du Ciel et la gloire de Notre Sainteté Trinitaire qui peut orner ton esprit dans Notre Splendeur pour toujours et à jamais.

N'ai-Je pas la force de sauver? D'un seul mot, Je bénis et Je sauve. Aussi, ne gis pas sans ressource. Je peux te donner Mon <u>Esprit de Force</u>[103]. Il n'est pas seulement donné à Mes anges, mais également à vous. Ouvre ton cœur et écoute; demande et il te sera donné. Par la puissance de Mon Esprit de Force, Je peux te faire prêcher Ma Parole et Ma Tradition trois fois bénies, à l'extrême de ta capacité. Heureux es-tu, toi qui obtiendras Mon Don[104] et, par ce Don, obtiendras la force de vivre dans l'obéissance de la foi, dans la droiture, la joie et la paix. Aussi, ne gis pas sans ressource et dans la peur. Je te le dis, n'aie pas peur des railleries des hommes, ni ne sois consterné(e) par leurs insultes, car les mites les mangeront comme des vêtements puisque, depuis le commencement, ils ont été en communion avec le malin. C'est <u>Moi</u> qui serai ta Force et tu ne marcheras plus seul. Moi et toi, toi et Moi, nous porterons ensemble les croix qui te sont données pour

---

103. En anglais: Spirit of Fortitude: Esprit de Force, de Courage, de Fermeté.
104. Le Saint Esprit de Force.

ta sanctification. Mon Esprit de Force peut te revêtir de Ma Force[105] pour porter témoignage sur la Vérité, l'Alpha et l'Oméga, avec zèle et courage. Mon Esprit de Force peut t'aider à surmonter tous les obstacles qui surviennent sur ton chemin et qui t'empêchent de M'atteindre. Dans la puissance de Mon Esprit, tu deviendras comme un guerrier plein de courage et de vigueur; fortifié par Sa puissance, tu fortifieras Mon Sanctuaire contre l'Ennemi et contre la transgression. Comme le soleil, tu brilleras en Notre Présence trois fois Sainte. Comme un feu, tes paroles flamberont comme une torche. Comme une épée qui coupe et perce, tes prophéties frapperont, abattant les royaumes du monde jusqu'à leur destruction. Dans la puissance de Mon Esprit, tu obtiendras l'inaccessible, tu atteindras l'inatteignable. Chacun de tes accomplissements montrera Notre magnificence dans Notre Gloire Trinitaire.

Ne dis pas: «Où donc, où trouverons-nous suffisamment de puissance et de force pour glorifier Dieu?» Mes merveilles se trouvent dans l'Esprit, Invisible, cependant visible à travers Son action puissante, Inaccessible au toucher, cependant tout autour de vous et en vous. Qui peut tenter de comprendre la façon dont agit Mon Esprit? Demande à Mon Saint Esprit de Force de t'accorder Sa Force rayonnante pour Mes Intérêts et Moi, Je te donnerai sans réserve une puissance suffisante pour que tu te joignes à Michel l'Archange dans la bataille de votre temps, et que tu combattes le mal et le blasphème, la distorsion de Ma Parole et la rébellion contre tout ce qui est saint. Daigne Me demander de t'accorder l'Esprit de Force pour te permettre d'atteindre de ta main la

---

105. En anglais: Strength — force, puissance, robustesse, solidité, vigueur.

coupe que Je t'offrirai. Voilà les choses que tu dois demander devant Mes Saints et Notre Sainteté Trinitaire. Alors, toi aussi, tu pratiqueras l'endurance dans la bataille du Grand Jour[106] pour être le défenseur de la Vérité et amener tout le monde à Nous reconnaître comme trois fois Saints mais Un, dans l'unité de l'essence, et Nous inviterons chacun à entrer dans le mystère de la <u>Vraie Connaissance</u> de Notre Sainteté Trinitaire en le revêtant de grâce et de beauté et de vêtements de cérémonie, Nos plus riches vêtements:

la <u>Divinité</u> qui émane de Nous,
les menant à la Vie Eternelle;

la <u>Lumière</u> trois fois Sainte,
étincelant dans leur âme et dans
leur corps pour qu'ils vivent en Nous
pour toujours et à jamais;

la <u>Vérité</u> et l'<u>Amour</u>,
pour connaître le Vrai Dieu trois fois Saint;

la <u>Foi</u>, victoire sur le monde entier,
moisson de la Vie Eternelle.

Viens, viens toi qui dis: «Je ne peux pas obtenir la rédemption, car je n'ai pas reçu la piété pour entrer dans le Royaume de Dieu»; demande de tout ton cœur le <u>Don de la Piété</u> et tu l'obtiendras.

Dis:

«Saint Esprit, Donneur de vie
Saint Esprit, Trois fois Saint,

---

106. Cf. Ap 16.14.

accorde-moi de pouvoir, moi aussi,
croître en amour pour connaître Dieu
et obtenir Son Royaume;

accorde-moi l'Esprit de Piété
afin que mon esprit croisse
dans les principes des Saints
et que mes pensées deviennent
Tes Pensées,
mes actes Tes Actes
qui sont tout purs et divins;

Saint Esprit de Piété,
Ami de Dieu,
enseigne-moi à atteindre la perfection
et à contrôler chaque partie
de moi-même qui est si mauvaise,
afin que j'obtienne la Vie Eternelle;

Esprit de Piété,
si magnifiquement vêtu,
viens à moi et revêts de pureté
mon esprit, afin que moi aussi
je puisse être plaisant
aux Yeux de Dieu;

revêts mon âme d'un Esprit vivant
pour qu'elle serve la Sainte Trinité
avec honneur et grâce;

fais-moi mourir à mes principes;
fais-moi mourir à ma partialité,
ma tiédeur, ma léthargie
et mes ambitions;

viens me raviver dans Ta Pureté;
Dispensateur du fruit
de l'Arbre de Vie,
Joie Eternelle,
accorde-moi également Ton Esprit
pour être parent de la Sainte Trinité
et un héritier de Ton Royaume;

que ma langue goûte ce qu'il y a de
plus pur dans la Lumière de Dieu
trois fois Saint,
et consomme Celui qui a dit:
"Je suis le Pain de Vie";

Saint Esprit de Vie,
trois fois Saint,
accorde à mon esprit d'atteindre
la perfection dans la Science
de l'Esprit de Piété
pour apprendre comment observer avec crainte
ce qui est vraie Chair et vraie Nourriture,
ce qui est vrai Sang et vraie Boisson,
afin que je puisse vivre
dans le Père,
dans le Fils
et dans le Saint Esprit,
Trinitaires mais Un
dans l'unité de l'essence;

fais que mon âme œuvre pour Tes intentions
qui sont saintes et rédemptrices,
plaisant au plus haut point à Tes Yeux;

en entrant dans mon âme,
Ton Esprit de Piété
me transformera en un serviteur
fidèle et dévoué;

Céleste Lumière de mon âme,
donne-moi la piété de Tes Saints
pour que j'observe saintement Tes Lois
et montre-Toi gracieusement
à mon âme misérable
pour me rappeler que
l'incorruptibilité m'amènera
près du Dieu Trinitaire,
Tout-Puissant et Très-Saint,
et que dès lors rien d'impur
ne pourra s'insinuer en moi.
Amen.»

ic

L'Esprit de Piété te conduira à devenir un délice du Délice du Père, un parfum de myrrhe en Ma Présence, un lis de Mon jardin, une fierté[107] devant Mes anges, un festival de joie permanent dans Mon Cœur, et une copie de Moi-Même.

Tu n'as qu'à le vouloir et J'élèverai ton âme pitoyable!

Je ne manque pas de moyens pour montrer Ma Puissance ou Ma Souveraineté. Viens Me rechercher en simplicité de cœur; ne reste pas en dette avec ton péché, demande le pardon et Je te pardonnerai.

---

107. En anglais: «a boast».

Demande à l'Esprit de Crainte de te discipliner à garder Saint Mon Nom. Que Mon Esprit te revête d'honneur et de révérence — don et rare trésor, signe de fidélité aimante —; apprends à incliner bas ta tête afin que Je puisse être vu; apprends à abaisser ta voix afin que tu puisses commencer à entendre Ma Voix et à découvrir Mes intentions, Mes désirs et Ma Volonté; apprends à n'élever ta voix que dans la louange à Ma Glorieuse Présence; apprends à ne lever ta tête qu'à la recherche de Moi et de ce qui est céleste… Beaucoup d'hommes influents ont été abaissés pour ne M'avoir jamais honoré ni ne M'avoir montré de révérence.

Tu veux savoir ce que signifie la «Crainte du Seigneur»? La Crainte du Seigneur est le commencement de la Sagesse; la Crainte du Seigneur est la couronne de la Sagesse. C'est celui qui Me reçoit gracieusement, Nous reconnaissant comme Trois fois Saints, avec révérence, fidélité et honneur; Me craindre, c'est t'humilier toi-même en Notre Présence, M'implorant de te pardonner afin que Je fasse de toi un autel éternel sur lequel Je placerai toute Ma Connaissance, Mes Préceptes et Ma Loi. Sur ta Sainte Crainte, Je placerai Ma confiance, Mes trésors avec de savants proverbes révélant Mes mystères et Mes secrets. Dans ta Sainte Crainte, Je te montrerai les mystères de Mon Cœur, ces trésors cachés, et tu apprendras alors que Je suis Dieu en qui tu peux obtenir la Vie Eternelle, la Joie et la Paix Eternelles. Tu apprendras de Mon Esprit de Crainte que la soumission Me séduit; aussi sévère qu'elle paraisse, elle est l'Ouverture par laquelle Je puis entrer dans ton cœur et faire Ma Volonté. Je recevrai ta soumission avec ta Sainte Crainte comme on reçoit une couronne de splendeur royale et Nous, le Dieu Trinitaire, pour Notre part, Nous te revêtirons de Notre invincible Sainteté de sorte que toute trace d'anarchie restant en toi se dissipe de toi comme la rosée du matin.

Né et renouvelé par Mon Esprit, toi qui autrefois, à Mon grand chagrin, avais cessé d'être, à nouveau tu seras. Beaucoup de morts te regarderont sans comprendre que toi, mort jadis mais maintenant vivant, te comportes comme Nous voulions que tu te comportes, avec sagacité et avec Sainte Crainte. Apprends que le Seigneur de Tout offre grâce et miséricorde à ceux qui Le craignent et craignent Son Nom. J'obtiendrai Mon honneur si tu loues Mon Nom trois fois Saint partout où tu vas et que l'encens[108] qui M'est offert de ton cœur en Mon Nom est comme une pure offrande pour Moi. C'est le moment de rechercher ce don de Mon Esprit de Crainte — arme pour combattre la rébellion — élément pour empêcher de tomber et sceptre de Mon Royaume. Prosterne-toi devant Moi et Je t'élèverai avec amour. Abaisse-toi afin que, dans Ma Miséricorde, Mes bras t'élèvent; comme quelqu'un qui élève un enfant contre sa joue, Je t'élèverai, Je te caresserai et Je t'aimerai et Je ne Me séparerai jamais de toi.

En ces jours et en votre temps, Je suis confronté au péché de ceux qui Me frappent et à la méchanceté de ceux qui pratiquent la tromperie; «ne commettez pas cette abomination de la désolation dont a parlé le prophète Daniel», dis-Je, mais vos pas suivent avec persistance la Tromperie. Ton ère défie Ma Puissance. Alors très bien, puisque tes intentions, génération, sont de piétiner Mon Sacrifice Perpétuel et de L'abolir, Je te le dis: Je te ferai ce que J'ai fait à Sodome et Gomorrhe, mais cent fois plus, à la mesure de tes péchés. Tu vois ces

---

108. Signifie les prières.

dix Tours que tu as construites comme Loges pour toi? Eh! bien, tu ne vivras <u>jamais</u> dedans; ton empire s'écroulera avec toi. Et ces pierres précieuses que tu as chéries? Tu ne les posséderas jamais car Je M'apprête à passer à travers toi pour te rappeler que, depuis le Commencement, Mon Nom trois fois Saint devait être honoré et gardé Saint et que ton dû envers Moi était de Me craindre.

Viens, toi qui erres encore dans ce désert, faible et indécis! Viens et demande ces sept dons de Mon Saint Esprit et Moi, l'Auteur du ciel et de la terre, Verbe et Dieu, Je te prodiguerai Mes dons. Je t'offrirai, pour te sauver, Mes sept dons. Pour te faire prospérer en une vigne délicieuse, Je t'enseignerai la tempérance et la prudence, la justice et la force[109]. Viens à Moi, à Moi qui suis trois fois Saint, viens, et par la puissance de Mon Souffle, Je te changerai en un miroir immaculé pour refléter sur toi et en toi Notre Divinité, et tu vivras en Nous trois fois Saints, pour toujours et à jamais.

Ame[110], maintenant exposée à l'injustice du monde, obtiens Notre Paix et Notre Amour. Avec toi, Je Suis. Es-tu toujours désireuse de travailler pour la paix, l'unité et l'amour?

— Je suis désireuse d'œuvrer pour la paix, l'unité et l'amour, oui.

— Sois attentive alors à Mes règles… Sois patiente et rappelle-toi, souviens-toi de ce que J'ai enduré. Sois contente avec ce que Je t'ai déjà donné et ne recherche pas plus. Continue à être consciencieuse dans ton travail.

Au début de Mon Message, J'ai dit: «panse Mes Plaies avec ton amour» et Je suis blessé au point d'être méconnaissable.

---

109. En anglais: fortitude — force, courage, fermeté.
110. Soudain, Dieu S'est tourné vers moi et S'adresse à moi.

Elève tes yeux au ciel et tu verras Mes anges pleurer… Ah! génération, tu attises la colère de Mon Père, tu attises Sa colère qui va s'allumer et éclater en flammes, et lorsqu'elle éclatera, Il viendra à toi en une flamme d'un feu dévorant, et tu brûleras et seras réduite en cendres toi et ton iniquité et ta rébellion avec tout le mal <u>déguisé</u> en bien. Hélas pour vous, vous qui êtes déguisés en serviteurs de la droiture[111], servant dans Mon Eglise mais ne sont rien d'autres que des contre-façons de serviteurs, servant les règles de la Bête. Je vous le dis: à moins que vous vous repentiez, vous allez attirer sur vous la colère de Mon Père et vous finirez également dans les flammes. Vous êtes mécontents de celui qui siège sur la Chaire de Pierre et qui vous rappelle constamment d'obser-ver saintement Mes règles, puisqu'elles sont sacrées. Vous êtes mécontents de ses appels à la Tradition de l'Ecclesia et à vivre quotidiennement une vie Eucharistique. Vous êtes <u>angoissés</u> lorsqu'il s'agit de rapprocher l'Eglise de l'Est de l'Eglise de l'Ouest et de réaliser l'Unité!

Génération impie et perverse! Combien de temps dois-Je supporter ta rébellion? Mais Je te le dis: ce dont tu as peur se vérifiera. Ce que tu redoutes sera réalisé. Mon Eglise s'unira à la fin et sera Une et Ma Prière au Père <u>sera</u> accomplie. Allez-vous maintenant toujours persister dans vos desseins mauvais? Un jour, serviteurs de la Bête, ensemble avec le Faux Prophète alias la seconde Bête, vous porterez le poids de vos fautes, lesquelles seront aussi graves que la Mort. Aujourd'hui encore, en secret, vous[112] visez la Chaire de

---

111. Les Caïns d'aujourd'hui, les apostats qui répandent des erreurs, ceux qui veulent abolir le Sacrifice Perpétuel, ceux qui s'opposent au Pape parce qu'il veut maintenir la Tradition de l'Eglise comme dans l'Eglise primitive, et ceux qui combattent l'Unité.

Pierre, utilisant vos gens que vous placez sur de hauts sièges pour travestir la Vérité en libéralisme et autre. Vous pillez Ma Loi sacrée et vous la dévorez pour éliminer Ma Tradition. C'est pourquoi Mon Père vous dépouillera de tout ce que vous possédez, mettant le feu à vos dix Tours et mettant à nu leurs fondations. Toutes vos pierres précieuses seront fracassées et vous-mêmes serez consumés par le feu. A moins que J'entende de vous votre cri de repentir, J'exécuterai toutes ces choses dans très peu de temps. Ecclesia revivra!

Ma fleur, Je suis avec toi et devant toi Je Me tiens et Je te bénis. Chaque effort, chaque pas en avant, fait pour l'unité est béni trois fois: par le Père, par Moi-Même et par le Saint Esprit. Que cela soit connu et dis-le à chacun de ceux qui œuvrent et prient pour l'unité. Et si quelqu'un vient à toi et te demande ce qui Me plairait le plus, dis-leur: «la fête du Royaume de Dieu est à portée de main, c'est pourquoi soyez prêts à adresser à Dieu vos prières pour le salut des âmes égarées. Rassemblez-vous et priez pour qu'Ecclesia soit une. Priez avec conviction et Dieu vous entendra. Il n'y a personne qui ait prié, se soit sacrifié et ait jeûné à cause du Royaume de Dieu, qui n'ait été entendu ou à qui il n'ait été rendu plus de cent fois en son temps présent et dans le monde à venir, et qui n'ait également hérité la Vie Eternelle». Donne-leur cette parole et demande-leur de se rappeler Mes paroles dans les Ecritures: «les paroles de l'homme jaillissent de ce qui remplit son cœur. Un homme bon tire de bonnes choses de sa réserve de bonté; un homme mauvais tire de mauvaises choses de sa réserve de malice. Aussi, Je vous dis ceci: pour chaque parole infondée que les hommes profèrent,

---

112. La Bête et ses adeptes.

ils auront à répondre au jour du Jugement puisque c'est par vos paroles que vous serez acquittés et que c'est par vos paroles que vous serez condamnés». *(Mt 12.34-37)*
Expose Ma Sainteté et sois ardente à Me servir comme maintenant. Je t'aime, Moi ton Maître mais Ami également et Bien-aimé de ton cœur! Aie Ma Paix et Mes bénédictions. C'est tout pour le moment. Je Suis est avec toi. Viens. Nous? Jésus est Mon Nom, garde-Le saintement.

IXΘΥΣ

CAHIER 80

Curitiba, Brésil, 4 juillet 1995

— Ma fille, la paix soit avec toi. Souviens-toi, tout ce dont J'ai réellement besoin, c'est l'amour. Dis-leur[113] d'apprendre à M'aimer, d'apprendre à M'adorer. Ne savais-tu pas qu'à la fin, chacun sera jugé selon la mesure de son amour? Si tu as goûté Ma Bonté, tu agiras également avec bonté envers les autres; ouvre ton cœur et invite-Moi afin que tu parviennes à Me connaître. L'Amour est à ton côté.

Joinville, Brésil, 7 juillet 1995

— Ma Vassula, Moi Jésus Je te donne Ma Paix, cette Paix que nul ne t'enlèvera! Méfie-toi des conflits qui surviennent dans ton entourage pour troubler l'harmonie que Je t'ai donnée et le flot de paix que te donne Mon Oeuvre.

Maintenant, écoute et prends ceci comme un conseil: travaille comme tu as toujours travaillé avec Moi. Mon travail est fait dans la paix, l'harmonie et la joie. Je Me délecte lorsque Je trouve ton cœur bien disposé et avide de Me

---

113. Dans mon témoignage, durant la conférence.

plaire. Marche avec Moi et permets à Mon Cœur de te parler. Lorsque Je parle, écris Mes Paroles comme tu l'as fait et
lorsque tu écris, Je te bénis ainsi que tout ce que tu écris.
Aime-Moi et Je suis loué dans ton amour, et honoré.

Aime-Moi et console-Moi;
aime-Moi et tu ne périras jamais;
aime-Moi et, dans ton amour, J'unirai Mon Eglise;
aime-Moi et, à cause de ton amour,
la colère de Mon Père pourra être diminuée;
aime-Moi et joins-toi aux prières des saints.

Tout ce que Je demande de vous tous est l'amour. Tout ce
dont J'ai besoin de vous tous est votre cœur. J'ai besoin de
vos cœurs pour bâtir l'unité <u>dans</u> vos cœurs. Vassula, J'ai
<u>besoin de sacrifices</u> pour réunir les Deux Sœurs[114]!

Ma fleur, Je te dis que Mon honneur et Ma louange, Je les ai
reçus durant ta mission au Brésil.

ic

São Carlo, Brésil, 9 juillet 1995

— Yahvé est Mon Nom. Ma fille, écoute Ma Voix:

Je suis votre Gardien qui Se délecte en vous. Permettez-
Nous[115] de vous imprégner de Notre Connaissance afin que
Nous vous instruisions tous.

---

114. Les Deux Sœurs dont parle le Seigneur sont l'Eglise catholique ro-
maine et l'Eglise orthodoxe.
115. La Sainte Trinité.

Permets-Moi de montrer Mon Portrait à cette génération en utilisant ta main. Je veux que Mes enfants Me connaissent plus. Glorifie ton Père dans le Ciel. Moi, Yahvé, Je t'aime.

31 juillet 1995

— Je suis est avec toi, aussi, permets-Moi maintenant d'utiliser avec toi Mon don qui honorera Mon Nom car, Mon enfant, à travers ce don, J'en ai ramené beaucoup à Moi; aussi, la paix soit avec toi!

Oui! tu obtiendras Ma réponse à ta requête concernant le Japon[116]:

Vous avez tous partagé ensemble, dans Mes grâces à vous tous, le pouvoir de guérison au travers des messages qui vous sont donnés. C'est Moi qui établis les associations de «La vraie vie en Dieu». J'offre des prières au Père pour votre participation[117] aux messages que Je donne. Vous avez tous une place dans Mon Cœur, puisque vous partagez et que vous défendez tous Mon Oeuvre. Satan, dans sa jalousie, veut vous cribler tous comme du froment, pour vous prendre en défaut. Aussi, restez fermes avec, comme arme, la prière. Soyez sympathiques et généreux les uns envers les autres; soyez patients les uns avec les autres comme Je suis patient

---

116. L'association japonaise de «La vraie vie en Dieu».
117. En anglais: «partnership».

avec vous; soyez tolérants les uns envers les autres comme le Père est tolérant avec cette génération. Pardonnez-vous les uns aux autres aussi promptement que Je pardonne lorsque le pardon M'est demandé! Je vous avais prévenus qu'en travaillant pour Moi, les épreuves viendraient certainement, et c'est ce que chacun de vous a découvert. Mais ne désespérez pas; Je suis avec vous aussi longtemps que vous Me restez <u>fidèles</u>, aussi, fiez-vous à Moi; Je continuerai à vous donner force, courage et espérance.

Maintenant, écoutez-moi et comprenez: Mon Saint Esprit a explicitement nommé <u>cette</u> œuvre «<u>Vraie Vie en Dieu</u>», mais certains d'entre vous ont écouté des esprits trompeurs et leur ont cédé le passage… Prenez soin de toutes les Oeuvres Divines qui vous ont été confiées et détournez-vous des disputes qui vous mèneront à la division. <u>Ne voyez-vous pas?</u> Ne discernez-vous pas comme le Malin est à l'œuvre? Vous devriez tourner vos esprits plus attentivement qu'auparavant vers ce que l'Esprit a <u>offert</u> afin que vous ne dériviez pas loin de Ma Grâce. Avec cela en vue, faites de votre mieux pour travailler avec harmonie et paix, gentillesse et compréhension. Mes chers amis, souvenez-vous, ne ruinez pas l'Oeuvre du Saint Esprit en vous permettant de susciter des propos blessants. Je vous le dis: réjouissez-vous dans l'Esprit et recherchez Ses voies par lesquelles Il vous gardera dévots, unis et heureux, dans le reflet de Son Amour.

ΙΧΘΥΣ 

1er août 1995

— Mon Seigneur et mon Dieu, montre-moi la lumière de Ta Face Divine. Créateur dans la gloire, Tes flèches sur moi ne me font pas courir loin de Toi; au contraire, je suis là, frémissant d'impatience de T'entendre; viens satisfaire ma faim!

— **Ma fille, tout ce que J'ai est à toi; Je t'aime. Ne doute jamais de Mon Amour. Aime-Moi et tu vivras. Vis saintement et prie plus. Le démon ne se lasse jamais de t'attaquer et de te tenter, aussi, reste vigilante et ne te lasse jamais d'écrire. N'abandonne jamais tes prières, ne cesse jamais d'être avec Moi[118]. Je suis toujours avec toi, Moi, et Je ne t'abandonne jamais, mais, Ma fille, Je veux également cela de toi. En ces jours, où toi et ta famille êtes ensemble[119], Je ne demande pas grand chose de toi, pas plus que Je ne t'appelle pour que tu obtiennes de longs messages; Je demande seulement ton amitié, ton amour, ton attention de temps en temps, et une parole pour Moi, Me montrant que tu ne M'as pas oublié; tu vois? Vassula, ne t'inquiète pas de tes oppresseurs; ne t'inquiète pas des choses qui appartiennent au monde; tout cela s'usera, mais Mon amour pour toi restera pour toujours et pour toute l'éternité. Mon agneau, le monde Me haïssait comme maintenant il te hait, mais ce n'est que le monde, et ce monde s'usera! Viens, reste près de Moi et de Ma Mère qui t'aime! Aie Notre Paix. Nous?**

ΙΧΘΥΣ

---

118. Dans la prière, nous sommes ensemble avec le Seigneur.
119. Nous sommes en vacances avec ma famille.

16 août 1995

— Seigneur, mon Yahvé,
ne laisse jamais le monde
attirer mes pas à nouveau dans ses entrailles;

ne le laisse jamais devenir mon maître
ni mon domaine.
Puisses-Tu m'accorder,
mon Père,
ce que Tu portes le plus précieusement
dans Ton Cœur;

que Tes désirs
deviennent ma chair et mes os,
mon être, ma nourriture et ma vie;

je T'aime à la folie,
ma Force,
mon Saint Trois Fois Saint,
ma Boisson de l'Eternelle Source
de Divinité et de Vie,
ma Gentillesse et ma Tendresse;

viens! viens à moi et je Te promets,
Père céleste,
de chanter Ton Hymne d'Amour
à toutes les nations
pour qu'elles honorent Ton Amour paternel.

Mon Bon Seigneur répondra-t-Il
depuis Son Saint Ciel?
Donnera-t-Il Sa réponse
à cette pécheresse,
à cette argile indigne?

— Moi, Yahvé, Je te bénis. Je vais rafraîchir ton âme. Mon Nom est maintenant gravé sur ton cœur. Ecoute:

Je viens te rencontrer avec des bénédictions. Ma fille, tu as demandé la vie. Ma délicieuse enfant, Je suis la Vie et Je suis ici maintenant avec toi. Je ne t'abandonnerai jamais. Ah! Vassula, laisse-Moi te rassurer: la force humaine ne prévaudra jamais dans Mon Plan de Salut. C'est Moi qui suis l'Auteur de ce livre. Quoique tes ennemis évitent la lumière, de crainte qu'ils soient révélés, mais t'attendent dans l'obscurité pour bondir sur toi, n'aie pas peur, Mes Yeux veillent sur toi. Aucun humain né de la terre ne frappera Mon enfant. Oui, tu seras calomniée et malmenée, mais n'as-tu pas vu le résultat de Mes bonnes Oeuvres? Je te dis cela pour t'encourager. Quoique la Bête et ses adeptes continueront à te chasser comme des chasseurs après leur gibier, n'aie pas peur, ils n'atteindront pas leur but. Comme Je te l'ai dit jadis, ils essaieront de t'effacer complètement de la surface de la terre; ils redoubleront de force mais aucun d'entre eux ne sera capable de toucher à Mon territoire et à Ma propriété. Tu es Mon Territoire et Ma Propriété. Je t'ai encerclée de nombreux anges qui te gardent et Moi-Même, Je suis ta Sentinelle. Pour ta part, construis et plante à Mon service et Moi, Je renverserai et Je vaincrai tes agresseurs qui, en réalité, sont Mes agresseurs. Quant à tes persécuteurs, prie pour eux. Montre ta gentillesse et ta miséricorde; rends l'amour pour le mal. Ma Présence est tout autour de toi et partout où tu es.

6 septembre 1995

— Comme une brebis égarée,
j'avais parcouru mon propre chemin.
De la terre aride, j'avais essayé de nourrir mon âme
et du rocher asséché, j'avais espéré recevoir ma boisson.

Ah! les lésions de mon dénuement me dévoraient
et mes péchés me paraissaient incurables.
Ma seule vue était un scandale pour Tes anges,
une abomination à Tes Yeux,
ô Très Sainte Trinité, ô Dieu très pur.
Tes anges et Tes saints restaient atterrés
et stupéfaits devant ma totale rébellion.

Jour après jour, j'allais et venais dans le dénuement,
je marchais dans l'ombre de la nuit,
desséchée de soif, passant la nuit orpheline,
recroquevillée dans les chardons et les ronces.
Mourant de faim, décharnée,
je ne parvenais pas à comprendre
pourquoi cette misère m'était arrivée.
Pourquoi la lumière de mes yeux m'avait-elle quittée?

O mauvaise inclination, attendais-tu de la sympathie?
Ma chute était accueillie avec d'immenses applaudissements
par une multitude de démons, car ils avaient réussi
à m'arracher du Bercail de mon Berger
et à me priver de ma Vue, de ma Joie,
de mon Amour et de ma Vie…

et lorsque la vie en moi
était sur le point de se tarir à jamais,
Toi, Père! Tu es venu

avec une puissance et une gloire stupéfiantes;
et avec une immense pitié, Père, Tu as déchiré les cieux
pour m'atteindre depuis Ta sainte demeure;
Tu es descendu avec une redoutable splendeur.

Là, Tu Te tenais majestueusement
devant une misère perplexe.
Celui qui pénètre et imprègne toutes choses
était maintenant en compagnie de la Misère.
Titubante, comme avinée, mon âme a chancelé
en la Présence de cette Pure Emanation Trois Fois Sainte...

Je bégayais pour prononcer, pour dire quelque chose,
mais aucun son n'est sorti. Je défaillais.
Alors, les Doigts qui m'ont formée, soudain, m'ont atteinte
et se sont posés sur mes lèvres,
les ouvrant pour moi, pour que j'aspire l'air de Son Souffle;
et alors que j'inhalais une senteur
pareille à un choix de myrrhe,
un gémissement est sorti de moi,
juste comme un nouveau-né
et je fus instantanément restaurée.

«Désormais Ton créateur sera Ton Epoux;
Mon Nom: Yahvé Sabaoth» *(Is 54.5)* dit-Il.

«J'ai eu pitié de toi... Ne savais-tu pas, Mon enfant,
que Je suis riche en pardon? Ne t'en va pas, n'aie pas peur.
Reste avec Moi et Je t'élèverai et Je t'amènerai à la maison
pour te guérir entièrement.
Mon grand Amour a défié Ma Miséricorde
et Mon Cœur a été touché par la misère.
Viens, et si tu veux, Je ferai de toi un témoin
de Mon grand Amour que J'ai pour vous tous».

C'est ce que Tes Saintes Lèvres ont prononcé;
comme la rosée du matin,
chacune de Tes Paroles est tombée sur mon âme desséchée
et, tandis que Tu parlais encore,
mon âme, frappée de remords, s'est vue succomber
dans les Bras de son Père, dans la Grâce de son Père.

Alors, je me suis tournée vers le Seigneur
et je L'ai supplié de Le posséder;
de tout mon cœur, j'ai dit:
«je veux Te posséder mon Dieu et Créateur,
autant que Tu me possèdes».
Alors, Tu as mis autour de moi des liens
qui m'ont attachée à Toi, des liens qui resteront à jamais.

— Et J'ai dit: Je t'accorderai la faveur de Mon Cœur et de
Mon Ame car Je suis Divin et Trois Fois Saint. Je suis ton
Père et Je te possède, et toi, Ma fille, et toi, tu Me possèdes.
Ne savais-tu pas que Je suis la Grâce et la Miséricorde? Viens,
ne demande pas: «pourquoi tout cela est-il arrivé à moi?» Ta
grande misère M'a tiré du ciel. Ton âme inconsolable a fait
crier Mon Cœur à Mes anges et à Mes saints: «combien de
temps encore dois-Je la voir continuer ainsi?», et à toi: «Paraskévi, élève tes yeux maintenant et regarde-Moi; Je promets que l'Espérance ne sera pas donnée à toi seule mais à
tous, à tous ceux qui sont assoiffés.»
Quelqu'un a-t-il entendu quelque chose comme cela?
Et quant à toi, Paraskévi, Je vais te prendre à Mon service et
faire de toi un Arbre. Tes racines croîtront dans Mon Jardin
de sorte que ton feuillage reste vert, de sorte que ton fruit
ait Mon Nom inscrit sur lui. Et Moi, Je serai Moi-Même

ton Gardien et Je t'arroserai de Ma Fontaine d'Eau Vive[120]… et comme Compagnon et Ami, Je te donnerai la Sagesse qui t'éduquera et t'élèvera pour que, plus tard, tu transmettes <u>cette Espérance</u> dans la perfection, à toute l'humanité.

Tu seras élevée par Moi et formée dans Mes Cours. C'est pourquoi, tu seras contredite dans ton périple. Le monde crachera sur toi, mais pas plus qu'ils n'ont craché sur Mon Fils. Les traîtres croiseront ton chemin, mais aucun d'entre eux plus grand que Judas. Reniements et rejets suivront également, cependant aucun d'entre eux plus sévères que les rejets et les reniements que Mon Fils a reçus. Sans pitié, tu seras incomprise par beaucoup, mais réjouis-toi! ne tombe pas dans la détresse. N'oppose pas de résistance et ne te détourne pas non plus. Permets que tu sois réprimée comme Mon Propre Fils, ton Rédempteur, fut réprimé, scandalisant tous Ses disciples. Je te commande de rester insensible aux insultes des hommes et de ne pas répondre, de même que Mon Fils n'a pas répondu, mais est resté silencieux et, dans ces souffrances, J'établirai la Paix. Dans tes tourments, Je consolerai les inconsolables. Je ferai que tes oppresseurs t'oppriment et, lorsque tu seras gisante dans les tourments, piétinée sous les pieds des hommes, Je mettrai la lumière dans l'Eglise, donnant naissance à un renouveau dans Mon Esprit Trois Fois Saint, la faisant capituler pour qu'elle devienne Une. Aussi défaillant que soit ton cœur, sens, sens Ma Joie pour cette victoire! Le Salut est à vos portes…

Ma fille, abandonne-toi dans les Mains de ton Père. Délicate et tendre enfant, soulève le joug de l'Unité sur tes épaules et

---

120. En anglais: «Living Water», littéralement «Eau Vivante».

porte-le. Lorsque tu seras fatiguée sur ton chemin, Je serai ton seul Repos, ton seul Compagnon; dans les trahisons, ton seul Ami. Je serai ta seule Source de Connaissance, t'instruisant des profondeurs de Nos mystères afin que cette génération et la suivante ne manquent de rien. Je continuerai à faire pleuvoir sur toi Mes bénédictions et Ma Manne pour te nourrir. Viens, ne reste pas stupéfaite. Viens, ta proximité de Moi Me charme et rend ton âme assoiffée de Moi. Viens, tabernacle de Mon Fils, Je t'aime. Aime-Moi et sois avide de Me servir. Viens, poussière et cendre, cependant avec un cœur et une âme; glorifie-Moi. Viens, Paraskévi, en contraste avec ton obscurité, Moi qui suis l'Impérissable Lumière de la Loi, Je serai la seule colonne de Lumière dans ton périple pour te guider ainsi que les autres dans Ma Loi.

Et vous[121], même si vous êtes toujours frappés d'aveuglement, avançant à tâtons dans ce désert, manquant de tout, mourant de faim et desséchés de soif, même si vous vous sentez vaincus par de douloureux fléaux, retournez à Moi tels que vous êtes! car J'ai résisté à Ma Sainte Colère en Me souvenant que c'est Moi qui vous avais engendrés… et Je Me tiendrai près de vous toujours et partout où vous irez. Approchez-vous du Vivant et Je démontrerai Ma douceur envers vous, vous enseignant que la piété est plus forte que tout. La piété vous gardera du péché. Venez plonger vos racines en Moi, afin que Je vous transforme vous aussi en un arbre avec des branches qui portent fruit, et Mon inscription sera gravée sur chacun de vos fruits afin que ceux qui mangent aient faim pour plus encore. Et, à partir de là, vous tournerez vos

---

121. Jésus s'adresse aux pays scandinaves, à l'occasion des réunions d'Oslo, Göteborg, Stockholm et Copenhague.

oreilles vers la Vérité Trois Fois Sainte. Et en appliquant vos cœurs à la Vérité, vous vivrez.

27 septembre 1995

— Mon regard est dans les visions de la Nuit.
Aussi promptement que Toi le Très Saint,
Tu es venu à moi,
telle fut Ta promptitude à jeter Ton voile sur mes yeux
car c'était ce qui Te plaisait, Bien-Aimé du Père,
afin que je dépende entièrement de Toi
et que je sois comme un jouet dans Ta Main Puissante.
Et, depuis lors, je suis devenue un exil à cause de Toi.

Il Te plaît de tracer ma route,
afin que Toi et moi marchions ensemble,
moi, agrippée à l'ourlet de Ton vêtement
de peur de Te perdre
et Toi, comme un Roi au milieu de Ses armées,
Tu me conduis où Tu le choisis.

Et sur notre chemin, des hommes jaloux se dressent debout
pour interrompre notre délicieux parcours;
ils posent leurs mains sur moi
pour me déchirer en morceaux,
mais Toi, d'une façon seigneuriale,
Tu élèves mon âme et Tu l'emportes

pour chevaucher les vents avec Toi;
puis Toi et moi célébrons Ta Force;
et dans Tes sourires, dans Ta joie et Ton plaisir enfantins,
nous devenons complices et collaborateurs de notre amitié.

Tu contraries les plans de nos persécuteurs,
tandis que Ta Bouche me chante des chants de délivrance.
Tu ouvres la porte de Ton Cœur afin que j'y entre
et que je me cache dans Ses profondeurs.

Mon âme se réjouit dans le Seigneur.
Il a le pouvoir de fondre chaque cœur
par Son Amour fidèle.
Lorsque mon âme est abattue, Tu n'attends pas,
mais Tu montres Ton Amour dans ton empressement
à me rendre courage en m'embrassant.

Ton regard, Délice du Père,
a tout pouvoir de transformer toute âme
pour qu'elle devienne, d'une mélopée tragique,
un hymne inspiré.

Oui, Seigneur, de toutes manières,
Tu peux faire de Ton peuple un cantique,
changeant leur rythme, pour préserver le ton de Ta voix,
parce que Tu ne dédaignes jamais quiconque,
mais Tu restes près de nous toujours et partout.

— **Mon délice, adore-Moi! tu es en contact avec Moi, avec Mon Esprit et avec Mon Père. Amène de par le monde, ensemble avec ton conseiller, cette œuvre de Miséricorde que Nous te donnons.**

— Je ne veux pas tomber dans le délabrement spirituel et traîner ma mission. Je suis dans la Nuit.

— Peu importe ce qui est au-delà de ta compréhension et de ta force car Je pourvoirai à ce qui te manque. Donne-Nous autant que tu peux. N'as-tu pas remarqué[122]? Bien que tu sois un néant, J'ai été vu sur toi[123]. Dans ta détresse, J'ai eu du succès; dans tes grandes épreuves, J'ai inondé de nombreux cœurs de Mes Trésors. Te ferais-Je ces choses[124] si Je ne t'aimais pas? Et J'entends continuer à garder Mon voile sur tes yeux de façon que tu n'aies pas l'occasion de M'attrister en devenant exaltée. C'est de cette manière que Je traite Mes âmes de prédilection, dans l'obéissance et dans l'effacement. Je suis Roi et Je gouverne sur elles de sorte qu'elles atteignent la parfaite bonté pour la gloire de Notre Sainteté Trinitaire, et comme Je l'ai dit jadis à Mes disciples, Je te le dis à toi aussi: "maintenant que tu sais cela, le bonheur sera tien si tu te conduis en conséquence" *(Jn 13.17)*. Ton Jésus qui t'aime.

ic

29 septembre 1995
Fête de Saint Michel Archange

— Aie Ma Paix, c'est Moi, Jésus. Mon Archange Saint Michel veut t'être courtois puisque tu t'es souvenue de Sa Fête. Il satisfera à ta bonne disposition.

ic

---

122. Durant mes réunions en Hollande et dans toute la Scandinavie.
123. Jésus est apparu à ma place. Cependant, Son Visage a été décrit comme couvert de coups.
124. Jésus entend: les épreuves qu'Il permet d'arriver sur mon chemin.

(C'est maintenant Saint Michel qui parle:)

— Amie de Notre Seigneur, Moi, Saint Michel, Je te salue au Nom de Notre Seigneur le Très-Haut. Sais-tu ce qui retient la colère de Dieu Tout-Puissant?

— Non, je ne sais pas.

— Alors, Je vais te le dire: les petites âmes! oui! les petites âmes qui persévèrent dans la prière en jeûnant et en faisant pénitence… par cela, beaucoup seront sauvés. Ah! Vassula, ne cesse jamais de prier le Rosaire. Ne cesse jamais de Me demander Mon intercession. Puissent l'honneur et la gloire être rendus à Dieu pour Son inépuisable patience[125]. Viens, sois confiante et ne tombe pas dans la tentation. Tu vois? cela n'en vaut pas la peine… Ecoute et continue à écouter ton Père dans le Ciel. Dieu n'est pas inatteignable; Il est à la portée de tous. Aussi, appelez votre Abba et Il vous entendra. La Très Sainte Trinité veut que chacun atteigne le ciel le plus haut et y entre. Heureux sont ceux qui meurent dans le Seigneur, à eux est le Royaume du ciel. Craignez Dieu et louez-Le toujours. Adorez votre Créateur et aimez-Le toujours. Moi, Saint Michel, l'Archange, Je te bénis en présence de la Très Sainte Trinité et en présence de Leurs Saints Anges.

Saint Michel

— Et lorsque tu travailles, continue à prier[126].

---

125. A ce moment précis, j'eus soudain un doute durant juste deux secondes et qui m'a quitté presque immédiatement et j'ai ressenti à nouveau une grande joie lorsqu'Il m'a dit: «tu vois? cela n'en vaut pas la peine».
126. Je devais préparer le dîner, c'est pourquoi St Michel m'a dit de prier tout en travaillant.

2 octobre 1995 — Fête de nos anges gardiens

— Alléluia!
Que le ciel loue Yahvé:
louez-Le, hauteurs célestes,
louez-Le, tous Ses anges,
louez-Le, toutes Ses armées! *(Ps 148.1-2)*

Qu'ils louent tous le Nom de Yahvé,
au commandement de Qui
ils furent créés. *(Ps 148.5)*

— Moi, Jésus, Je te donne Ma Paix. Viens prier avec Moi;
dis:

Souverain depuis le commencement,
écoute ma prière;
mon âme, mon cœur ont soif de Toi;
mon regard languit de Te voir
et je ne regarde nul autre,
car il n'y a pas de dieu comparable à Toi;
rien n'est aussi grand que Toi
puisque Toi seul es prodigieusement grand;
c'est pourquoi, rassemble les nations
pour qu'elles rendent grâce
et louent Ton Saint Nom
autour d'un seul Tabernacle;
qu'elles offrent Ton Sacrifice à Notre Père
dans le ciel, d'une seule voix et
dans le même Esprit;
Gardien de notre âme,
merveilleusement fort,

invincible,
puisse Ta création tout entière
Te servir dans la Très Sainte Trinité;
accorde-nous cette bénédiction;
Amen.

Viens maintenant; dans la puissance de Mon Esprit, Je t'envoie Daniel, ton ange gardien.

ic

(C'est maintenant mon ange qui parle:)
— Moi, Dan, je te bénis. Signe[127] d'Unité, reste fidèle au Seigneur. Grandis en Lui et en nul autre; seul Yahvé est bon. Prie pour être fortifiée, afin que dans le Seigneur, tu puisses tirer la force pour raviver Sa Maison et accomplir ta mission. Je te garderai toujours; à jamais je te guiderai.

Ton Daniel.

---

127. Alors que j'entendais le mot «signe», simultanément, j'ai également entendu le mot «symbole».

Ton ange gardien qui te garde

Daniel

6 octobre 1995

— Mon Seigneur! Mes yeux ont eu le privilège
de contempler Ta glorieuse Majesté.
Quelle grâce Tu m'as donnée!
Moi qui suis la moindre, avoir reçu un tel don,
d'être capable de posséder Ta Majesté
et de Te contempler dans Ton Mystère.

— Fontaine de Sagesse,
Tu me traites d'une manière suprême,
pleine de bonté et d'une infinie tendresse
pour que je reconnaisse mon Dieu Trois Fois Saint,
que je Le reconnaisse comme Père,
comme Bien-Aimé et Abba.

— Fontaine de Compréhension[128]
qui des déserts fait des jardins,
qui des ronces et des épines fait des arbres fruitiers,
incroyablement ravissante, palpitante,
Ta glorieuse apparence laisse mon cœur subjugué.

— Fontaine de Conseil, ma Coupe, ma Boisson,
Roi depuis le commencement, Tu exposes continuellement
Ton conseil Majestueux avec bonté à Ton élève;
c'est pourquoi, mon cœur languit d'amour.

Gloire à Son Saint Nom.
Comment peut-on suffisamment Te louer?

— Fontaine de Force[129], stupéfiant de splendeur,
as-Tu vu dans quel état nous sommes?
Diminués, dénués, faibles et déplorables d'aspect;
cependant, nous T'appartenons, nous venons de Toi.
Tu vois?
Tu vois comme nos genoux sont tremblants et faibles,
par manque de nourriture?
Tu vois comme tant d'entre-nous
sont devenus des objets de dérision?

---

128. En anglais: Understanding — Compréhension, Intelligence.
129. En anglais: Fortitude — Force, Courage, Fermeté.

Alors viens, Esprit de Grâce;
j'implore Ta Majesté de mettre une fois de plus
Ton Souffle en nous afin que commence une nouvelle vie.
Une seule Parole de commandement de Toi
et le monde entier peut être renouvelé!

— O Fontaine de Connaissance[130], viens me gouverner
pour que je pénètre dans le Mystère de Dieu;
mes yeux n'ont rien vu, mes oreilles n'ont rien entendu
et mon toucher restera toujours dans l'inconnu,
à moins que Tu me montres Ta Face
et que Tu me fasses entendre Ta Voix;
n'as-Tu pas remarqué combien j'aspire à Tes Cours?

— Fontaine de Piété, pourquoi est-il si difficile de Te saisir?
Est-ce parce que mes mains sont tellement souillées?
Pourquoi T'effarouches-Tu de moi?
Dois-je rester imparfaite?
Tu es toujours fidèle à Tes promesses,
et Tu es connu pour donner la liberté aux prisonniers;
aussi, je T'invoque;
accorde-moi l'attitude de Tes Saints
afin que je puisse célébrer un jour Tes actes de puissance.
Libère-moi, car il est connu que sous Ta protection,
les pieux sont en sécurité.

— Fontaine de Crainte, marque de Tes vrais disciples,
perle de Ton Royaume, battement de cœur de l'Eglise
et révérence envers Ses Mystères,
comment pouvons-nous T'obtenir
et Te posséder éternellement?

---

130. En anglais: Knowledge — Connaissance, Savoir, Science.

Tu es tout…
Bouton de rose de mon cœur, accorde-moi ce don,
afin que je puisse compter comme l'une de Tes filles.
Te craindre est la racine de toute sagesse
et l'entrée de la Vie éternelle.

O Glorieux Trône, très haut depuis le commencement,
déracine-moi de tout mal
et montre-moi Celui qui siège en Toi!

— Je[131] répandrai sur toi et sur quiconque Me désire, Ma Lumière Trois Fois Sainte; pour vous sauver et vous amener dans la Maison de votre Père, Je comblerai votre esprit de Mon Souffle. Tu es toujours faiblement enracinée, mais compte-Moi comme ton plus cher Ami qui te préservera d'être déracinée. Lorsque tu marches, délicieuse enfant, Je serai ton seul Guide; lorsque tu es couchée, ton fidèle Gardien; lorsque tu te réveilles, ton joyeux Compagnon.

— La paix soit avec toi[132]. N'as-tu pas lu: «Ne refuse pas une gentillesse à quiconque te la demande, s'il est en ton pouvoir de l'accomplir[133]». Aussi, J'ai dit: «Vassiliki que Mon Esprit a liée à Moi dans les liens matrimoniaux et que J'ai élevée, tu jouiras de Ma faveur, tu jouiras de Ma Présence. C'est pourquoi Je suis sorti te rencontrer, et Je te le dis, Ma fille, Je suis content comme un enfant qui a été sevré; Mon bonheur est complet; reste-Moi fidèle; souviens-toi que Je suis ton Epoux, alors essaie d'imiter ton Epoux, même jusqu'à assumer la condition d'esclave…»

---

131. C'est le Saint Esprit qui parle.
132. C'est maintenant Jésus qui parle.
133. Pr 3. 27.

Ma fille, nuit et jour Mon Nom est blasphémé et Je suis blessé par Mes Propres fils et filles. — Je suis persécuté — Partage Mes souffrances; Je suis réduit à mendier votre amour; Je suis réduit à mendier votre générosité; partagez Mes souffrances; cette nuit, beaucoup de Mes âmes-victimes vont Me soulager…

— Seigneur! On dirait que les choses échappent à tout contrôle!

— Ne sois pas en deuil pour Moi mais pour cette génération… Je t'aime à la folie et Je retournerais au Calvaire à nouveau n'importe quand si cela était possible pour vous sauver de cette Apostasie. J'ai besoin de générosité et de chaleur, d'une preuve d'amour… Je te le dis, Ma fille, Je ne regrette pas d'être venu à toi; oui, J'ai vu combien cette génération est amoindrie et démunie, et Mon Sacré-Cœur Me fait mal au-delà de la compréhension humaine. C'est pourquoi, Ma Vassula, Je veux que tu attises en une flamme tout ce que Je t'ai donné, tous ces Trésors de Mon Cœur; ils sont destinés à être distribués; tu as été chargée de veiller sur ce Trésor Inépuisable que J'avais réservé pour votre temps; distribue-Le avec l'aide de Mon Saint Esprit; Lui qui t'a sauvée en sauvera d'autres également. Ta Coupe et ta Boisson montreront la Miséricorde à beaucoup d'entre vous, car J'entends vous rassembler tous comme des agneaux et vous montrer à tous votre lieu de repos. Quant à tes requêtes, J'entends vous envoyer, d'en haut, Mon Saint Esprit, afin qu'une lumière brille dans vos ténèbres. Viens, toi qui Me désires et te nourris de Ma Parole. Ma Parole est richesse et alors ton âme rayonnera de Ma Magnificence. L'Amour est avec toi, maintenant et à jamais…

— Orne, Seigneur, Ta création de Ta magnificence.

— Je mettrai la Paix dans leurs cœurs, et le Salut dans leur âme également, si J'entends d'en haut un cri de repentir... Repentez-vous et vous obtiendrez le fruit du pardon. Pardonnez et vous obtiendrez le fruit de l'amour et de la paix. Venez vous repentir... La colère de Mon Père a allumé un Feu qui embrasera le monde! Tu vois, Ma fille, cette génération a projeté de commettre l'abomination dont a parlé Mon prophète Daniel. Elle commettra un acte d'horreur. Comment Mon Père ne peut-Il pas S'enflammer? Mon Père ne supportera pas la vue de Son Fils foulé aux pieds, jeté sur le sol — pas plus que ne le supportera Saint Michel. Saint Michel et Ses armées se dresseront.

La Bête, aujourd'hui, défie le Ciel et même Ma Puissance! C'est pourquoi, Mon Père brûlera les crimes de cette génération par le Feu et ce Feu viendra à un moment où ils ne suspecteront rien: par la parole de Ma Bouche et le commandement de Mon Père, le ciel et la terre présents sont destinés au feu. Vous avez été avertis de cela de nombreuses fois mais, au lieu d'annoncer, vous avez dénoncé!... gouvernés par votre faiblesse[134]... Je vous le dis comme disent les Ecritures: «Heureux ceux dont les crimes sont pardonnés, dont les péchés sont effacés; heureux l'homme que le Seigneur considère sans péché[135]», lorsque viendra Mon Jour.

Prie, Ma fille, pour ta génération. Persévère et Je t'apporterai l'Espérance; Je te bénis.

ic

---

134. Jésus a dit cela comme s'Il Se parlait à Lui-Même.
135. Rm 4.7; Ps 32.1-2.

CAHIER 81

Tucumán, Argentine, 13 octobre 1995

— Jésus?

— Je Suis. Permets-Moi d'utiliser ta bouche. Je leur rappel-
lerai Mon Amour.

Ma précieuse, dis à ton conseiller: parce que J'ai donné Ma
Vie volontairement, Mes disciples étaient scandalisés. Je L'ai
donnée de Ma Propre libre Volonté, mais cependant, ils
n'ont pas réussi à voir que J'avais le pouvoir de reprendre Ma
Vie. J'ai permis que Je sois réprimé à cause de Mes brebis...
Je t'ai dit cela afin que ta compréhension soit complète[136].
Comme tu le sais, J'ai adopté Vassula, afin qu'en elle Je sois
glorifié et, comme J'en avais envoyé d'autres avant elle dans
le monde, Je l'envoie maintenant dans ce monde imprégné
d'iniquité. Son périple ne sera pas facile[137] parce qu'ainsi l'a
voulu le Père pour Sa plus grande gloire. Veille sur elle avec
les mêmes yeux que Je veille sur elle. Puisse votre union
atteindre la perfection que Je désire de vous. Ne la laisse pas
se dégrader. Aimez-vous l'un l'autre comme Je vous aime. Je

---

136. Cela concerne, dans un message précédent, le sens du mot «sup-
press», «réprimé, étouffé».
137. J'ai entendu en même temps: «n'est pas facile».

te supplie de ne pas user de rudesse en aucune façon, Mon ami, car cela chagrine Mon Saint Esprit. Je suis doux et Mon éducation est douce. Vous continuerez ce périple ensemble, à travers les nations que Je choisis. Je suis avec vous. Soyez constants dans votre amour et dans votre sainteté. Que Mes enfants jouissent de la lumière que Je leur ai donnée à travers ces Messages. Continue, Mon ami, à Nous honorer dans Notre Sainteté Trinitaire et à honorer le Cœur Immaculé de votre Mère. En toute vérité, Je te dis: mets pleinement en action les Messages de Notre Sainteté Trinitaire et achève ton travail. Appuie-toi sur Moi et demande à Mon Esprit de t'aider à achever ce que tu as commencé. Je te bénis. Je suis avec toi.

ic

17 octobre 1995

— Mon Seigneur et mon Berger,
guide-nous, rends droits nos chemins.
Nous sommes le troupeau de Ton bercail
et je suis confiante qu'à cause de Ton Amour Fidèle,
Tu ramèneras les brebis égarées
l'une après l'autre à Ton bercail.

Ce fut Toi, mon Berger,
qui m'a retirée des entrailles de ce monde vil.
Béni soit Ton Nom Trois fois Saint.

Rafraîchissement de mon âme, Parfaite Beauté,
avec des paroles plus douces que le miel,
ouvre Ta Bouche et prononce les Merveilles de Ta Loi,
afin que beaucoup soient libérés.

Que Ton Amour fidèle vienne sur toute Ta création.
Sois gracieux, généreux et miséricordieux avec nous,
afin que nos yeux s'ouvrent
et que nous fixions notre regard sur Ta Sainteté Trinitaire.

Amen.

— Moi, Jésus, Je te bénis. Prends Ma Main Puissante; Je te guide. Te guider et être ton Saint Compagnon dans le périple de ta vie est un constant délice pour Moi. Tu vois? Je t'ai donné la liberté du cœur. A travers Mon Esprit, vous obtenez votre liberté. A travers Son Feu purificateur, vous êtes lavés. Là où est Mon Esprit, là est la liberté, car en Sa Présence, il y a un renouveau, une transfiguration. Votre nouvelle naissance n'est pas d'une semence mortelle mais de Mon Esprit. Joie-de-Mon-Cœur, permets-Moi de t'utiliser comme Mon filet afin que Je puisse amener beaucoup de cœurs à vivre dans cette liberté. Aime-Moi et console-Moi. Je suis avec toi. Glorifie-Moi et bénis Mon Nom trois fois Saint.

ΙΧΘΥΣ >=<◦

25 octobre 1995
(Après la Notification de la Congrégation
pour la Doctrine de la Foi)

— La paix soit avec toi! Je suis avec toi.
Tu vois comme Mes prédictions se réalisent? Fleur de Mon Cœur, flamme de Mes Yeux, ta mission ne sera accomplie que lorsque Je leur permettrai de te crucifier. Maintenant, tu parcours un chemin rude mais Je suis avec toi. Prends courage et ne perds pas la Paix que Je t'ai donnée. Je t'avais dit

que le Père avait tracé pour toi une route similaire à la Mienne. Là où J'ai succombé, tu succomberas également, mais tout cela en conformité et à la mesure de ta force.

Aujourd'hui, comme tu le vois, tu as été vendue par ton propre peuple comme J'ai été vendu par l'un des Miens. Ma précieuse, ton propre peuple a trahi un sang innocent... Tu as été livrée par l'un des tiens aux Romains, afin qu'ils te condamnent et que tu sois crucifiée. Vassula, <u>toi-même, garde Mon silence</u>[138]; tu as suffisamment de témoins qui peuvent te défendre. Les fidèles resteront fidèles.

Tes vêtements, Mon enfant, rouleront dans ton sang et, cela également, sera l'évidence que tu viens de Moi. C'est pour cela que tu es née, et ton acceptation fait Mon délice parce qu'au travers de tes souffrances, J'en sauverai beaucoup. Au travers de tes tourments, Je mettrai la lumière dans Mon Eglise, donnant naissance à un renouveau dans Mon Saint Esprit trois fois Saint. Entre-temps, alors que tes oppresseurs se réjouiront, Mon septième ange videra sa coupe dans les airs, mettant le feu à l'atmosphère tout entière[139]. Vassiliki, regarde-Moi dans les Yeux...[140]

Tu vas Me promettre, si tu M'aimes, de leur pardonner à tous; cela semblera illogique à beaucoup mais tu es Mon disciple, n'est-ce pas?

— Oui, Seigneur.

— Alors, copie ton Maître car, à la fin, Je triompherai.

Jusqu'à ce moment, ils ne parviennent pas à comprendre que ce Message vient de Moi.

---

138. Cela signifie que je ne dois pas me défendre moi-même. **— Oui !**
139. Rappel du message d'Akita (Japon), message reconnu par l'Eglise.
140. J'ai regardé le Seigneur et j'ai fondu...

(Jésus semblait Se parler à Lui-Même)

— Je Te remercie, mon Seigneur, pour tout ce que Tu fais pour moi. Je T'aime encore plus.

— **Ma colombe, ton Sauveur t'aime et te bénit.**

ic

8 novembre 1995

— Seigneur, Roi depuis le commencement,
et Maître de toutes choses,
je suis la chair de Ta Chair, l'os de Ton Os,
Tu es en moi et je suis en Toi.
Quelle joie, quel délice de savoir
que je Te possède et que Tu me possèdes!
Je T'appartiens et Toi, Mon Roi, Tu m'appartiens!

Tu es la vraie Vigne et je suis l'un de Tes sarments.
Je suis Ton reste; quelle joie d'être avec Toi!
Et j'entends rester en Toi afin que Tu restes en moi.
O quel don de Ton Esprit! Alléluia!

Dispose Tes Plans, ô Seigneur,
et je prendrai tout ce que Tu m'offres.
Maintenant, je suis rendue intrépide
mais est-ce la souffrance que Tu veux de moi?
Je prendrai tout ce que Tu me donnes;
tout devient si magnifique lorsque cela vient de Toi!
Viens! Viens régner en moi;
Tu es la Source de mon bonheur!
M'invites-tu à partager Ta Coupe?
Coupe à laquelle Tes Lèvres Divines ont bu?

Mon Dieu! mon Dieu, je tremble d'émotion et de délice.
O Amour! Tu m'as séduite!

— Mon Propre Cœur s'emplit d'émotion pour M'avoir in-
vité à ta table de cette façon… Aie confiance en Moi, Je suis
du Ciel et nulle créature ne sera capable de Me vaincre en toi;
Je suis bien vivant en toi. Nul vivant des royaumes du monde
pas plus que celui[141] qui règne sur eux ne sera capable de
renverser Mon règne en toi. Je suis Dieu trois fois Saint,
aussi, n'aie pas peur. Te souviens-tu de ce que Je t'avais dit
jadis? Je t'avais dit que Je suis connu pour renverser rois et
royaumes lorsqu'ils sont devenus un obstacle sur Mon chemin. Tout ce que Je demande de toi maintenant est la fidélité. Reste-Moi fidèle. Ne regarde ni à ta gauche ni à ta
droite. Je t'aiderai. Réjouis-toi, Mon amie, car Je t'ai honorée
en t'invitant à partager Ma Coupe, la Coupe de votre division et de l'hypocrisie de vos cœurs… Maintenant, toi et
Moi, approchons du dixième anniversaire de «La vraie vie en
Dieu». Prends courage, Ma fille, et ne sois pas offensée lorsque le monde[142] te prive d'honneur. Demeure dans une parfaite discipline envers Mon Eglise et tu jouiras de Ma faveur.
Sois toujours prête à répondre à Mes appels, en disant: «Me
voici, Seigneur» et ton Créateur brillera sur toi. Choix de
Mon Père, ne tombe pas dans la tentation; apprends où la
connaissance doit être trouvée, où est la persévérance, où
sont la sagesse et la vie. Dans ton silence, tu trouveras toutes
ces choses et plus encore dans Mon Saint Esprit. Aime à te
mouvoir dans Mon Esprit comme un poisson dans l'eau.

---

141. Satan.
142. De nombreux journaux m'ont condamnée.

Hors de cette eau, tu mourras et tu te dessécheras. Aussi, reste dans Mon Esprit et respire dans Mon Esprit, et tu vivras. Sois heureuse! Je t'ai nourrie et Je t'ai élevée pour Me ramener des foules d'âmes. Beaucoup d'entre elles ne sont toujours pas désireuses de retourner à Moi… Comme J'ai pitié d'elles! Je suis dans l'agonie et Je souffre de les voir aussi totalement inconscientes des dangers qui les entourent. Ah! Vassula, rejoins-Moi dans Mes souffrances; rejoins-Moi dans Mes agonies; console-Moi et repose-Moi…

— Je T'aime, Seigneur, que puis-je faire de plus?

— Aime-Moi, cela Me console. Au devant de toi, des serpents peuvent vouloir te frapper et t'attendent mais, bien qu'ils aient adopté une transparence telle qu'on ne peut pas les remarquer immédiatement, Je te donnerai des yeux pour les voir. N'aie pas peur car Je suis avec toi; aucun d'entre eux ne sera capable de te frapper. A la fin, un seul serpent avalera les autres. Oui! comme dans la vision[143] que Je t'ai donnée. Viens, Je t'aime et Je te bénis.

IXΘYΣ

10 novembre 1995

— Gloire à Dieu au plus haut du Ciel.
Gloire à Lui qui a élevé mon âme
des entrailles de cette terre.

Gloire à la Lumière Trois Fois Sainte
par le pouvoir de Qui
toutes choses sont venues à être.

---

143. Voir 29 janvier 1989.

Gloire à Dieu, invincible,
incomparable dans Son Autorité.
Gloire à l'Immortel
en Qui nous trouvons l'immortalité.

Ô Très-Haut, puisse Ton Souffle,
qui est pure émanation de Ta Gloire,
nous ranimer, nous renouvelant
en un seul Corps glorieux.

Amen.

— Paix, Mon enfant. Ecoute: ceux qui, aujourd'hui, te trai-
tent impitoyablement, auront, un jour, à Me rencontrer en
face et à Me rendre leurs comptes... Ils ne s'aventureront pas
à dire alors: «qu'avons-nous fait de mal?» parce que Je leur
montrerai les plaies impressionnantes que leur arrogance a
infligées à Mon Corps... Et à la mesure de la flagellation que
Je reçois d'eux quotidiennement, Je prononcerai sur eux Ma
sentence... Ils recevront dix fois leur mesure.

Mon enfant, ressemblance de Mon Image, tu es assurément
le messager le plus tourmenté que J'aie envoyé sur terre, mais
également le plus privilégié: Je t'ai accordé le privilège de Ma
Couronne d'épines, de Mes Clous et de Ma Croix; Je t'ai
élevée pour être Mon puissant Signe de rejet: le rejet de Mon
Amour... Ah! tant d'entre vous sont enfermés dans le même
sommeil.

Ecoute Vassula, Je vais te dire un petit secret: en ces jours
d'épreuve, J'ai attiré beaucoup d'âmes à Mon Cœur et J'ai
libéré beaucoup d'âmes du Purgatoire qui y étaient astreintes
pour de nombreuses années! Tu vois, rien n'est en vain.

Ah! maintenant, Mon Cœur est comme en feu, car à travers tes souffrances, Je peux faire de grandes choses! Mes enfants n'expient pas comme Je le voudrais; aussi, Mes Yeux tombent sur toi, sachant que tu ne rejetteras pas les supplications de ton Sauveur et que tu permettras que tu sois écrasée par ceux qui crient à la justice et à la paix, mais font le contraire. Que maintenant le monde entier se réjouisse et croie qu'ils ont vaincu un «douloureux fléau». Qu'ils croient qu'ils t'ont réduite au silence.

Oui, une multitude se lèvera pour te frapper, de même qu'une multitude s'est levée pour Me frapper et Me crucifier. Beaucoup de faux témoins apparaîtront à la dernière minute, attestant faussement sur toi, de même que beaucoup se levèrent pour attester faussement sur ton Sauveur. En effet, ils accentueront violemment leurs accusations sur le sang innocent. Tu vois? ce qu'ils M'ont fait te sera fait, mais à la mesure de ce que ton âme peut supporter. La traîtrise continuera, clamant partout que tu es un faux prophète. De même que Mes gardes se moquèrent de Moi en Me battant, M'aveuglant tout en Me frappant, Me bandant les yeux, frappant à tour de rôle en Me demandant: «joue au prophète! qui t'a frappé?», tu paraîtras perdante aux yeux du monde, comme Moi, ton Seigneur, J'ai paru perdant sur Ma Croix.

Toutes ces choses surviendront sur ton chemin, afin que les paroles du Père soient accomplies. Je suis la Résurrection et Je susciterai tout ce que J'ai écrit par ta main, de sorte que chacun croie que La vraie vie en Dieu n'était pas écrite par la chair mais par l'Esprit de Grâce. L'obscurité et la détresse ne seront pas ressenties par toi, car Je t'ai cachée dans Mon Sacré-Cœur.

Ma petite âme, que Ma Voix Majestueuse soit entendue; et ne sois pas effrayée par le bruit qu'il y a autour de toi. Les lèvres de Mon Père débordent de fureur pour les pécheurs non repentis, et Sa colère sera montrée par un éclair de feu dévorant. En effet, il n'y a pas longtemps, Il l'a annoncé à ma messagère[144] d'Akita. A la fin, la terre ouvrira ses oreilles et son cœur pour que germe le salut et Je triompherai, avec le Cœur Immaculé de votre Mère et Ma Mère.

Vaisseau de Mes agonies, Je te donnerai assez de vigueur pour accomplir ta mission avec une dignité qui Me glorifiera. Mon Amour pour toi te recouvre; n'aie pas peur, "lo tedhal!". Moi Jésus Christ, Je suis avec toi, maintenant et toujours.

$$\text{ΙΧΘΥΣ} \quad \rightarrowtail$$

15 novembre 1995

— L'Ecriture dit: "L'oreille est juge des discours, tout comme le palais discerne une nourriture de l'autre". *(Jb 34.3)* Comment se fait-il qu'ils n'aient pas découvert Ton Discours? Comment se fait-il que Ta Nourriture ne soit pas appréciée, n'ait pas de goût pour eux? Comment se fait-il que ces Ecrits, dans mon cas, soient rejetés? Lorsque les Juifs T'ont accusé, Toi, Jésus, et n'ont pas cru que Tu étais envoyé par Dieu, et que Tu es le Fils de Dieu et Dieu Toi-Même, Tu leur as dit: «J'ai fait beaucoup de bonnes œuvres pour que vous voyiez, œuvres de Mon Père; pour laquelle Me lapidez-vous? Si Je ne fais pas l'œuvre de Mon Père, il n'y a pas besoin de Me croire;

---

144. Sœur Agnès Katsuko Sasagawa.

mais si Je la fais, même si vous refusez de croire en Moi, croyez au moins en l'œuvre que Je fais.»

Alors, pourquoi, Seigneur, ne regardent-ils pas les œuvres faites en Ton Nom? Ne sont-elles pas mes témoins?

— La Paix soit avec toi. L'Amour est avec toi. Peux-tu M'obéir à la lettre? Je voudrais que cette épreuve ne te fasse pas perdre Ma Paix. C'est Moi qui suis l'Auteur de ce Message, aussi, ne renonce pas. Je te secourrai. Ne M'est-il pas permis de t'éprouver ainsi que tous les autres? Ne M'est-il pas permis de te renforcer par des épreuves? (Vassula, Je vais t'envoyer un ange pour te consoler...). Tu t'écries vers Moi: «Seigneur, je suis gravement blessée» mais, Vassula, Moi aussi... Tu M'implores: «Seigneur, je suis traitée brutalement» et Je te le dis: «mais Moi aussi».

Ma choisie a été frappée de l'intérieur de Ma Maison, et cela afin que s'accomplisse ce que t'a dit le Père...

Et maintenant Je te le dis, quiconque parmi les âmes sacerdotales se déclare ouvertement <u>pour</u> Moi[145] en présence du monde, Moi aussi, lorsque le temps sera venu, Je Me déclarerai pour lui en présence de Mon Père!

Et à toi, Je te le dis: ne te défends pas! Que maintenant ceux qui t'ont entendue témoignent et déclarent ouvertement la vérité. Mais le démon réduira au silence certains d'entre eux en leur envoyant un esprit muet. Ils cacheront la lampe que Je leur ai donnée et se cacheront dans l'obscurité afin de n'être pas vus, appelant cette obscurité «prudence».

---

145. Jésus parle ici de Son Message.

21 novembre 1995

— Ai-je peiné en vain? Me suis-je épuisée pour rien? Pourtant, toute la durée de ma course était avec Toi. Mon charisme est donné par Toi, mon Dieu; c'est pourquoi Tu étais ma Force.

— Ma Vassula, pourquoi dis-tu: «étais» ma Force? Pourquoi parles-tu au passé? **Tu es toujours à Mon service et tu es continuellement renforcée par Moi...** Je suis toujours ta Force et le serai toujours... Non, tu n'as pas travaillé en vain, pas plus que tu ne t'es dépensée pour rien. Ton abandon a fait des prodiges dans Mon Esprit. Y a-t-il un pays qui soit né en un seul jour? De même, il n'est pas possible que l'unité naisse en un seul jour puisque beaucoup de Mes élus suivent leurs propres chemins. Une Voix a été envoyée aux nations pour parler à Mes enfants et les consoler, pour les tourner à nouveau vers Moi. J'ai fourni des semences à semer dans le chemin de la réconciliation et t'avais pourvue de Mon pain céleste afin que Ma Parole comble ceux qui en manquaient.

Vassula, ta course n'est pas finie, parce que Je t'ai créée pour être Mon arme contre le Destructeur qui a rendu aveugles beaucoup de Mon peuple. Tu n'auras rien à craindre puisque Je suis avec toi... Oui, le Destructeur a captivé leur esprit par son pouvoir sur le monde et son nom est dans les Ecritures comme les trois esprits impurs, <u>formant un triangle</u>; ces trois esprits impurs venant des crocs du dragon et de la bête et du faux prophète[146]. Ainsi, ils ont été réveillés par ta voix puisque tu es Mon Echo et, ainsi, <u>ils ont juré, en renversant Mon Calice, de te réduire au silence.</u> Ils ont juré de déferler sur toi et contre toi. Mon petit ange, dans ta fragilité, Je désarmerai

---

146. Ap 16.13.

les puissants. Dans ta nullité, Je révélerai Ma Puissance et Je renverserai leurs royaumes. Prends courage, Ma fille, et Je rétablirai la vérité. Je te bénis.

ΙΧΘΥΣ

28 novembre 1995
Dixième anniversaire de La vraie vie en Dieu

— **La paix soit avec toi. Ma Vassula, ah! dis-Moi, dis-Moi: es-tu heureuse d'avoir été avec Moi de cette manière durant toutes ces années? Simple créature de chair mais avec un cœur, es-tu heureuse?**

— Couronne-de-ma-Joie, comment pourrais-je ne pas être heureuse? J'ai été emportée par Ton Souffle sur les nuées pour avancer sur les ailes du vent, pour prendre part aux vents[147]. Aussi, comment puis-je ne pas être heureuse?

— **Et tu es devenue une part de Moi-Même[148], et Moi une part de toi; et tu as fait ta demeure en Moi et J'ai fait Ma demeure en toi, transfigurant ton âme en un Eden afin que Je sois glorifié. Poursuis tes pas et va de l'avant sur les ailes du vent, car tu as une place spéciale dans Mon Sacré-Cœur.**

— Fête-de-mon-propre-cœur! Onction de mes yeux! Lumière trois fois Sainte! Mon âme se réjouit parce que Tu as sauvé «l'inhabitée». Béni soit Ton Nom trois fois Saint.

— **Si Je suis en effet la Fête-de-ton-propre-cœur, célèbre annuellement la date d'aujourd'hui où Je t'ai amenée, et ainsi J'en ai amené beaucoup d'autres, à venir dans Mon Cœur; et découvre ces innombrables trésors que J'ai gardés**

---

147. «Tu utilises les vents comme messagers» (Ps 104.4).
148. Allusion à Jn 15.

pour votre temps; garde à l'esprit ce grand jour. Sois à Mon côté comme tu l'as été durant ces dix dernières années; ne quitte JAMAIS Mon côté; marche avec Moi, comme tu l'as fait toutes ces années. Tu vois comme Je t'ai éduquée? Tu vois ce que J'ai accompli? Tu vois Ma Sagesse? En t'adoptant, J'en ai adopté tellement d'autres. Mon sentier est droit; Mes routes pour vous approcher sont délicieuses… votre Roi est parfait et magnifique. «Ravive Mon Eglise, embellis Mon Eglise, unis Mon Eglise» fut l'ordre que Je t'ai donné et tout ce que J'ai demandé de toi pour être capable de travailler avec toi pour Ma gloire a été pour toi de consentir à faire Ma Volonté et ainsi, tu as gagné Mon amitié. Mon Eglise bénéficie maintenant de tant d'âmes qui sont retournées à Moi… et maintenant leurs louanges à Moi se joignent à celles de Mes anges dans le ciel. Et par ta bouche, J'ai parlé, donnant ce que Mon Cœur désire le plus pour l'Unité. Tu n'as pas peiné en vain. Je t'avais demandé de transmettre Mes Paroles et Mes désirs: l'unification de la date de Pâques; et c'est ce que tu as fait. Tu vois? M'avoir reconnu, Mon enfant, fut en effet la parfaite vertu et la lumière de ton âme.

Fille d'Egypte, J'ai continué à veiller sur toi constamment. L'aube que J'ai ardemment désirée dans ton âme t'a été donnée par Mon Esprit trois fois Saint pour accomplir Mes desseins tout entiers. Mes paroles: «Comblés, vous serez nombreux» étaient pour toi une énigme; alors Je t'ai fait comprendre ce qu'elles signifiaient: «Lorsque tu seras comblée de Mon Esprit trois fois Saint et donneur de vie, par la puissance de Mon Esprit, tu convertiras et tu amèneras au repentir une multitude». J'ai cultivé ton sol de Ma Propre Main, et J'ai fracassé les rochers pour aplanir Mon chemin en toi. Alors, J'ai semé en toi Mes Propres semences célestes.

Pour honorer Mon Nom, J'ai fait le vœu d'abattre tout intrus qui surgirait sur Mon chemin dans Mon nouveau jardin. Nuit et jour, Je Me suis délecté à te regarder. Aujourd'hui, Je peux dire, Vassula: <u>Moi</u>, Je n'ai pas peiné en toi pour rien. Mon Esprit t'a rendue libre de sorte que tu sois un endroit prospère pour être habité par Moi. Puissent Mes fils et Mes filles M'approcher et Je les libérerai pour se joindre, eux aussi, à Mon assemblée.

ic

1er décembre 1995

— Je sanctifie Ton Saint Nom,
alors que je reste toujours stupéfaite devant Ta Gloire.

L'Esprit d'en-haut m'invite, me disant que Te craindre[149], mon Dieu, est un <u>trésor</u> donné par la Sagesse Elle-Même.

— Et Mon[150] Règne commence alors en toi; suivi par Mon Esprit de Compréhension[151]. Pour t'assurer de la Divinité trois fois Sainte de ton Père, Mon Esprit établira tes fondations dans la Vérité en révélant à ton esprit ce que les sages et vos philosophes appellent folie et absurdité. Il enluminera les yeux de ton esprit, te donnant un esprit de perception infiniment riche, pour pénétrer dans le plein mystère de Notre Divinité. Alors, tu verras les choses que nul œil n'a vues et nulle oreille n'a entendues, choses dépassant l'entendement de l'homme parce que ton esprit aura été marqué du sceau de Mon Saint Esprit. Et toutes les choses qui sem-

---

149. «La crainte de Yahvé est Son Souffle» (Is 11.2).
150. C'est le Père Eternel qui parle.
151. En anglais: Spirit of Understanding; également appelé "Esprit d'Intelligence".

blaient impénétrables et inatteignables à ton esprit de compréhension seront comprises dans Notre Divine Lumière. Et Moi, ensemble avec Mon Esprit de compréhension, Nous rendrons ton esprit comme l'esprit de Mon Fils Jésus Christ. Alors, pleinement dans la Vérité, ton esprit atteindra la plénitude du Christ Lui-Même, te révélant que l'Eglise qui est Son Corps sur la terre, remplit toute la création.

Oh! que ne te Conseillerai-Je pas? ton but doit être de rester dans la Vérité. Pour cela, ton esprit doit être dévoué à la Sainte Trinité. Mon Esprit de Conseil t'aidera à vivre une vie sainte parce que ta seule joie sera pour toi de demeurer dans Ma Loi bénie et trois fois Sainte. Il conseillera à ton esprit de devenir un enfant innocent, de courir à Moi, puis d'avoir une conversation cœur à cœur, ne Me montrant aucune méfiance et Je te compterai, toi aussi, comme l'un de Mes enfants qui reflètent Mon Image. Alors, la lumière dans tes yeux sera la Lumière de Mon Fils Jésus Christ, et il te sera assigné une place parmi les saints. Trouve-Moi en simplicité de cœur et attache ton cœur à la sainteté, à l'intégrité et à l'amour. Aie soif de Moi ton Dieu et les barrières pour M'atteindre seront brisées par ton amour. Alors, à ta vue apparaîtra Celui pour lequel languissait ton âme, qui t'est plus cher que toutes les richesses du monde et que ta propre vie, le Béni et le seul Maître de tout, l'Unique, Trinitaire et cependant Un dans l'unité de l'essence, l'Irrésistible et Glorieux, l'Incomparable, pour t'accueillir dans Son Royaume. Demande Mon Esprit de Conseil afin que tu ne t'écartes pas de la Vérité.

Sois déterminée à obtenir de Mon Esprit de Force[152] la force[153] pour être capable de résister aux tentations qui viennent sur ton chemin. Et pour vaincre avec courage et stabilité tout obstacle qui pourrait te priver de Mon Impérissable Lumière, demande à Mon Esprit de Force de te donner un cœur de guerrier pour combattre le bon combat de la foi et de la justice, et de te joindre à cette bataille spirituelle de Mes Archanges Michel et Raphaël, prédominant en force et vaillants guerriers de justice, observant à travers la lumière de Mon Saint Esprit chaque aspect du comportement humain. Ouvre ta bouche et demande! Celui qui vit à jamais et qui a créé tout l'univers te dit: ouvre ta bouche, demande et Je t'aiderai. Le jour de la visitation est à portée de main. Humiliez-vous et demandez que Mon Esprit de Force vous donne la puissance et la vigueur de porter votre croix avec dignité et ferveur afin qu'à travers vos souffrances et votre générosité, vous deveniez partenaires du triomphe de Mon Fils Jésus Christ.

Sois confiant(e) et viens demander à Notre Sainteté Trinitaire l'Esprit de Connaissance[154], la Connaissance de comment Me posséder, Moi, ton Dieu, la Connaissance de M'approcher avec des pas comme ceux de Mes anges. Si vos contrées sont mises à feu, c'est à cause de votre si peu de connaissance de Qui Je Suis. Oui, la méchanceté brûle comme un feu. Viens, toi qui tournes en rond sans but et qui es si nu et pitoyable à regarder; viens à Moi et demande par une simple parole l'Esprit de Connaissance et Je te L'enverrai

---

152. En anglais: Spirit of Fortitude — Esprit de Force, de Courage, de Fermeté.
153. En anglais: strength — force, puissance, robustesse, solidité, rigueur.
154. En anglais: Spirit of Knowledge; également appelé "Esprit de Science".

et, lorsqu'Il viendra, Il te montrera comme, à peine né, tu avais cessé d'être... et bien que tu semblais être, tu étais mort depuis longtemps, et la puanteur de ta mort avait atteint Mes narines. Mon Esprit t'enseignera à te connaître toi-même et à écouter Mes Appels. Et lorsque tu le feras, une lumière brillera en toi, Me révélant, Moi, ton Dieu Trine, dans toute Ma Gloire — aimant l'homme — Incomparable, Juste et Saint.

Comment se fait-il que si peu d'entre vous demandent Mon Esprit de Piété? Est-ce la fierté de votre cœur qui vous arrête? Avez-vous jamais essayé de comprendre comment vous vous mouvez et comment tout ce qui est créé se meut dans Mon Esprit trois fois Saint? Si vous recherchez Mon Esprit de Piété, vous serez libres de Me servir d'une nouvelle façon spirituelle, renonçant à votre esprit de léthargie qui avait campé en vous, créant un gouffre entre vous et Moi. Comment avez-vous été si lents à demander l'Esprit de Piété pour qu'Il vous enseigne la connaissance de toutes les choses saintes, et que la piété est plus forte dans la soumission, dans l'humilité et dans la renonciation. Demandez! Demandez et Je vous enverrai Mon Esprit d'en haut pour qu'Il vienne reposer sur vous, afin que désormais vous deveniez le délice de Mes Yeux et la flamme des yeux de Mon Fils, le scintillement de votre environnement qui est si sombre, et dans votre rayonnement, l'attrait de votre société si corrompue, les attirant à Moi. Dans votre rayonnement, vous rayonnerez l'image de Mon Fils Jésus Christ, et Je comblerai vos mains d'innombrables richesses pour délecter Mon Ame lorsque vous Me servez, Moi, votre Dieu Trine, cependant Un, dans l'unité de l'essence.

Désormais, tu redouteras de Me déplaire car en toi Je placerai Mon Esprit de Crainte. Chaque fois que tu viendras à Moi, tu viendras t'agenouiller devant Ma Majesté, stupéfait, puisque ton esprit aura goûté les fruits de Ma Sagesse. Me craindre est vraiment la couronne de la Sagesse. Me craindre est la couronne de l'arbre de vie. Viens respirer en Mon Esprit. Viens te mouvoir en Mon Esprit et Je te révélerai au plus profond de ton cœur les profondeurs de Moi-Même, afin que toi aussi tu puisses Me posséder.

L'Esprit d'en haut vous invite tous à pénétrer dans le mystère des sept Dons de Mon Saint Esprit. Venez et soyez bénis. Venez et que la lumière soit dans votre âme. Les choses invisibles sont éternelles. Venez obtenir de l'Esprit ce qui est invisible afin que vous viviez avec Nous et soyez un en Nous.

10 décembre 1995

— La paix soit avec toi. Ton but doit être de rester dans la <u>Vérité</u> et d'attirer tout le peuple à la <u>Vérité</u> et dans Mon Royaume. Je suis la <u>Vérité</u> et Mon Royaume sur la terre est Mon Eglise et Mon Eglise est Mon Corps qui remplit la création tout entière[155]. Et la <u>Vie</u> de Mon Eglise est Ma Sainte Eucharistie, le <u>Chemin</u> vers la vie éternelle. Je suis le Chemin, la Vérité et la Vie. Je suis Amour. Aimez-Moi et

---

155. Ep 1.23.

vous vivrez. A travers l'amour, votre âme commencera à re-chercher les choses célestes. Le monde ne peut rien vous offrir qui ne M'appartienne. Agrippez-vous à Moi et vous resterez enracinés en Moi et de cette manière, vous gagnerez pour vous la vie éternelle que Je vous ai promise.

Je t'ai appelée, Ma Vassula, et Je t'ai prise pour attirer à travers Mon Appel beaucoup de pécheurs au repentir. En présence de nombreux témoins, J'ai parlé à travers toi, appa-raissant à ta place. Certains M'ont vu et ont cru. Heureux ceux qui n'ont pas vu et cependant croient. Je t'ai vraiment chargée de ce Message parce que Je savais que tu prendrais bien soin de Mes Intérêts. J'ai dit, Je t'ai chargée de ce Mes-sage; ce Message n'ajoute rien de nouveau aux Ecritures. Tout ce que J'ai dit dans ce Message est écrit dans les Ecri-tures mais vous n'avez cependant pas compris pleinement ce qui est écrit. Vous M'avez entendu dire: Je vous enverrai le Paraclet pour être avec vous pour toujours et en ceux qui M'aiment pour vous enseigner. Mon Esprit sera votre Con-seiller et votre Educateur. Sans Lui, même Mes disciples ne M'ont jamais compris pleinement pas plus que Mes ensei-gnements. Mais le jour où Je suis retourné au Père, Je leur ai envoyé le Paraclet, afin qu'Il leur rappelle tout ce que Je leur ai dit lorsque J'étais avec eux. Je suis tout prêt maintenant à venir à vous mais vous n'avez toujours pas compris comment et de quelle façon. Pourtant, Je n'ai pas parlé en métaphores. Je vous dis solennellement: Je vous enverrai Mon Saint Es-prit en pleine force sur <u>toute</u> l'humanité et comme signe avant-coureur, Je montrerai des prodiges dans le ciel comme jamais auparavant. <u>Il y aura une seconde Pentecôte,</u> afin que Mon Royaume sur terre[156] soit restauré. Beaucoup d'entre vous demandent: «Quand? quand toutes ces choses se pro-

duiront-elles?» Il n'est pas donné à qui que ce soit de connaître les temps ou les dates que le Père a décidés par Sa propre
autorité. Dans le passé, vos ancêtres ont tué tous ceux qui
ont prédit Ma Venue et maintenant, en votre génération,
vous faites la même chose. Combien de temps résisterez-vous
à Mon Saint Esprit de Grâce? Repentez-vous de cette méchanceté qui est la vôtre et priez qu'aucune des choses que
vous avez dites vous condamne. Ne doutez pas plus longtemps. Bientôt, vous recevrez une effusion de Mon Saint
Esprit afin que votre force vous soit ramenée.

Et toi, Ma sœur, reçois la tendresse de Celui qui t'a formée.
Là où tu n'as pas réussi, Moi J'ai réussi; là où tu étais dému-
nie, Mon Saint Esprit a repourvu. Ma sympathie pour toi est
immense. Continue à mettre en action les leçons apprises de
Moi. Apprends que J'achèverai Mon Oeuvre triomphant.
Vassula, peux-tu aller avec Moi juste encore un mille?

— Bien sûr, si j'ai toujours mes pieds pour marcher avec Toi.

— Leur traitement sévère envers toi ne t'affectera pas. Mon
Message a été révélé à Mes saints et à ceux avec un cœur
d'enfant. La Sagesse s'effarouche des sages et des érudits mais
tous ceux qui ont levé l'épée contre toi périront par l'épée.
Mes Paroles n'ont pas trouvé demeure en eux, non, parce que
l'amour manque... docteurs de la loi se nomment-ils eux-
mêmes... quelle loi? la Mienne ou la leur? Auraient-ils gardé
<u>Ma</u> Loi qu'ils auraient compris Mon langage[157]. Mais ils
n'ont pas saisi ce que J'ai dit. Ah! Vassula, rends l'amour
pour le mal. Pardonne et garde Mon silence à tout blâme jeté
sur toi. L'homme puise à ses propres réserves, aussi, honore-

---

156. Jésus entend par là: l'Eglise.
157. Jésus entend par là: dans les Ecritures.

Moi puisque tu viens de Moi. <u>Va</u> là où Je t'envoie, <u>va comme témoin</u> et <u>proclame ouvertement</u> tout ce que le Père et Moi t'avons enseigné. L'heure de Satan est là mais bientôt Saint Michel se lèvera et malheur aux pécheurs non repentis! Maintenant, le démon vomit sa rage sur toi et sur chacune de Mes interventions pour votre salut — l'aiguillon de l'iniquité —, mais Mon Saint Esprit viendra à ton secours et Mon Message deviendra un cantique continuel aux oreilles de qui veut entendre. Prie, Ma Vassula, car tes prières Me délectent. Je te bénis.

ΙΧΘΥΣ

CAHIER 82

13 décembre 1995

— Avec grande frénésie, ils essaient de m'emmurer. Ils veulent étouffer les prières que je T'adresse. Ils ont distordu Tes paroles et maintenant, ils sont déterminés à obstruer mon chemin.

— Ma Vassula, la paix soit avec toi. N'ai-Je pas prédit cela depuis le commencement, afin que tu le saches? Ne sois pas tentée de produire ta propre défense; tes témoins te défendront. Leurs travaux de siège sont un néant. Aie confiance en Moi, bientôt tu devras partir… Quant aux murailles qu'ils construisent pour t'y murer, Mon Esprit les balaiera[158] et Je montrerai Ma Gloire à travers toi si tu Me restes fidèle. Maintenant, ils disent: «Ah! maintenant nous l'avons engloutie[159]». Ce qu'ils ne connaissent pas et n'observent pas, c'est Ma Sagesse.

Quant à toi, Mon enfant, demeure dans une parfaite discipline envers Mon Eglise et tu jouiras de Ma faveur. En ces jours, J'ai révélé à Mon Eglise, à travers toi, les plans du

---

158. En anglais: «will blow them down» — littéralement: «les balaiera de son souffle».
159. En anglais: «we have swallowed her up» — littéralement: «nous l'avons avalée».

Démon. Tellement enflammé de colère, Satan, qui est le prince de ce monde, est bel et bien en route pour vaincre toutes Mes Oeuvres. Il était meurtrier depuis le commencement et sa cible est spécialement Mes âmes sacerdotales. Il rôde alentour pour voler et amener à la damnation les Miens-Mêmes… Il est en Mon pouvoir de retourner la situation, Vassula, mais comme tu le sais, un serviteur n'est pas plus grand que son maître. Je suis ton Maître et puisque les autorités ont persécuté ton Maître, Je leur permets de te persécuter également. Mais «lo tedhal»[160], Je suis avec toi. Je M'apprête à être ta boisson, ta nourriture, ton repos, ta paix et ta joie. Tu vois? Prie et adore-Moi; prie et suis-Moi.

ic

16 décembre 1995
(A Bethléem, avec une ermite)

— Mon Sauveur, nous mettons tout notre cœur à Te servir, à Te craindre et à rechercher Ta Face une fois de plus. Ne nous désappointe pas! *(Dn 3.23)*

— Aie Ma Paix. Fais-Moi plaisir en disant ces paroles:

Jésus mon seul amour,
Jésus mon inspiration,
compagnon de mon âme,
Jésus,
Toi seul est ma coupe,
ma boisson, ma bénédiction;
cache-moi au plus profond de Ton Cœur

---

160. «N'aie pas peur», en araméen.

> jusqu'à ce que la mort me délivre au ciel;
> Gardien de mon âme,
> sois avec moi partout où je vais.
> **Amen.**

Que cela soit ton thème. Je t'ai bénie et Je te bénis à nouveau. L'Amour est avec toi. Nous?

ic

3 janvier 1996

— Yahvé, Tes Oeuvres sont bénédictions, richesse, et sont une Lampe. Pardonne-nous[161] de ne pas les accepter de tout notre cœur comme venant de Toi.

— Ma fille, Moi ton Père, Je te donne Ma Paix. Depuis l'aube de tes premiers jours, Je t'ai fait asseoir dans Ma Cour pour t'enseigner la droiture, l'amour, et qui Je Suis. Afin que tu n'adoptes pas les voies du monde, Je suis descendu sur toi conquérir ton cœur. Je voulais que tu deviennes Mon amie et t'enseigner que Me craindre est le commencement de la Sagesse. Bien que tu n'aies pas mérité de voir Ma Gloire, Je suis venu à toi dans ton silence pour obtenir ton «oui». Alors, J'ai commandé à l'obscurité de ne pas être obscure autour de toi et que la nuit se transforme en lumière. Membre de la Maison de l'Est, fille de cette Maison, les faux témoins se sont élevés contre toi, mais place ton espérance en Moi ton Père. Garde Mes instructions et sois en paix, et ne te lasse pas. Endure et proclame Ma Gloire et Mon Appel Paternel.

---

161. Si je dis «nous», c'est parce que j'appartiens à la même famille que Dieu a créée et que je sollicite le pardon au nom de ma famille qui ne croit toujours pas que ces messages viennent de Dieu.

Dans les Cours de Ma Maison, tu resteras pour faire progresser et progresser encore Mon peuple. Je ne te ferai pas défaut, aussi, ne Me fais pas non plus défaut. Je te le dis: une fois que l'oppression sera finie et que le maître du monde d'en bas sera enchaîné, et que ceux qui ont piétiné sous leurs pieds le Sacrifice de Mon Fils seront partis, de l'intérieur de la Maison où tu es, un homme de bonne augure se lèvera, brillant comme une torche, pour restaurer Mon Sanctuaire et Mon Nom trois fois Saint… et le royaume du Rebelle tombera.

Ma Vassula, Je continuerai à être ton Cantique et ta Torche. Je serai à ton côté et Je te mènerai en sécurité tous les jours de ta vie. Tu seras Ma collaboratrice et Mon amie, Mon écho et Mon arme. Et ta bouche sera comme une épée pour tous ceux qui font des ravages dans Mon Sanctuaire.

Moi, Yahvé, Je suis connu pour défendre les simples et Mon Cœur fond pour les purs de cœur. Celui qui vient à Moi comme un petit enfant saura, et il lui sera permis de rencontrer la Sagesse qui le mènera dans Mon Royaume. Mes Yeux favorisent les petits cœurs car dans ces cœurs, Ma Connaissance est répandue en abondance. Malheur à ceux qui ne M'accueillent pas en simplicité de cœur mais se montrent eux-mêmes comme les plus grands dans Mes Cours et «appellent le mal un bien et le bien un mal, qui substituent l'obscurité à la lumière et la lumière à l'obscurité, qui substituent l'amertume à la douceur et la douceur à l'amertume» *(Is 5.20)*. Mon esprit voyant leurs intentions égoïstes les divorcera de Moi qui suis trois fois Saint.

Veux-tu jouir du Ciel? Veux-tu te réjouir en Ma Présence? Alors viens à Moi comme un enfant! Tu veux Me rencontrer et Me voir? Alors viens à Moi avec l'innocence dans ton cœur. Viens à Moi avec un cœur pur et les écailles qui couvrent tes yeux tomberont, afin que tu voies Ma Gloire et Celui qui était, qui est, et qui va venir. Ne sois pas pris au piège dans ton orgueil car Je permettrai à ces petits de te faire trébucher. Moi Dieu, Je suis avec toi, Ma fille. Sois bénie trois fois dans Notre Sainteté Trinitaire.

9 janvier 1996

— Ma maison est dans les Cours de Yahvé
et mon esprit se réjouit
dans la brillance de Sa Majesté
Trois Fois Sainte.
C'est en Toi que mon âme se meut,
accomplit et continue à se fier.
C'est en Ton Père Eternel
que mon esprit languit, désire
et recherche la Vérité.

Ne me prive pas, ô Père Céleste,
des Sept Dons de Ton Esprit,
mais envoie-les moi
pour éclairer mon chemin
et illuminer mon esprit,
me baignant en Ta Divine Sainteté Trinitaire.

— [162]**Ma Paix Je te donne.** Si le sol refuse de produire son fruit et le pays s'est transformé en un désert, c'est à cause de son apostasie…

Mon Saint Esprit, c'est à peine si on se souvient de Lui, Le proclame ou se fie à Lui; c'est pourquoi la terre a décliné et votre âme, comme une étoile mourante qui perd sa brillance, s'est assombrie. Vassula, avec dans vos cœurs la Loi du Dieu Trine, vous pouvez tous dire: «mon Dieu m'entendra». Et du fond de Mon Cœur, Je vous accorderai les Sept Dons de Mon Esprit si vous Me le demandez. Maintenant, Ma Vassula, dis-Moi, penses-tu que tu as obtenu de toi-même cette connaissance de Mon Royaume?

— Non. Non, mon Dieu, depuis le commencement, je ne savais rien de Ton Royaume.

— **Penses-tu que tes prophéties sont sorties de toi-même, Mon enfant?**

— Non, parce que l'Ecriture dit: "Nulle prophétie ne sort de quiconque".

— **Bénie sois-tu de permettre à Mon Saint Esprit de reposer sur toi et d'agir en toi.**

Voici les choses que maintenant Je veux révéler, afin que chacun sur cette terre puisse être attiré à Moi et vivre dans toute Ma plénitude, et que chaque créature vivante puisse Me posséder comme Moi aussi Je voudrais la posséder:

La liberté est à trouver dans Mon Esprit Trois Fois Saint. La consolation et le rafraîchissement sont à trouver dans Mon Esprit. Vos passions pécheresses peuvent être balayées[163] par Mon Esprit Trois Fois Saint, et Il peut vous offrir la liberté,

---

162. C'est le Créateur qui parle.
163. En anglais : «washed away».

pour Me servir d'une manière nouvelle et délicieuse, attirant à la sainteté des hordes de nations, parce que vous serez renouvelés par Mon Saint Esprit.

Délicieuse enfant, écris:

Déterminé à <u>partager</u> Ma Gloire avec vous tous, Je vais déverser, avec plus de prodigalité que jamais en vos jours Mon Saint Esprit, pour vous renouveler, afin que vous obteniez votre liberté dans Mon Esprit. Les hommes recherchent leur propre ruine mais Mon Amour est fidèle et Ma Compassion est grande. J'ai regardé Ma création et J'ai dit: Je laisserai le vent porter Mon Souffle[164] vers eux plus tôt que Je ne l'avais projeté. Je ne conserverai ni les comptes ni les registres. En effet, Mes Voies sont au-dessus de vos voies. Mon Souffle sera porté par les vents sur Ma création, afin qu'ils disent: «Dieu ne nous a pas oubliés, c'est Sa rosée, ce sont Ses gouttes de pluie». Et pour les accompagner, Je répandrai sur vous l'Instruction comme une prophétie; même sur les moindres d'entre vous, création, Je répandrai Mes Dons afin que vous puissiez voir votre nudité et réaliser combien durant toute votre vie, vous M'avez chagriné. Alors, comme un enfant, vous pleurerez et vous vous tournerez vers Moi votre Père. A partir de là, vous aspirerez seulement aux choses célestes qui durent. Ne recherchez pas la liberté ailleurs que dans Mon Esprit. Et comme au temps des prémices[165], Je vous comblerai d'une variété de dons de Mon Saint Esprit. Beaucoup d'entre vous chanteront en langues. D'autres auront l'élo-

---

164. Le Saint Esprit. Le Saint Esprit se déverse déjà, notamment dans les mouvements charismatiques.
165. J'ai entendu en même temps le mot «apôtre».

quence de la parole. Mes dons sont nombreux et ils seront donnés avec prodigalité.

Venez! venez gagner l'amitié de Mon Saint Esprit pour devenir collaborateurs avec Lui, afin qu'Il vous initie gracieusement à Nos mystères en ouvrant votre esprit et vos yeux à comprendre et à percevoir l'Imperceptible qui cependant vous est gracieusement offert gratuitement. Oh! venez! ne restez pas inertes; venez hériter ce qui est à vous depuis le commencement. Venez hériter la Lumière Inaccessible, qui cependant est tout autour de vous et qui peut être en vous! Venez posséder l'Inatteignable, cependant à la portée de tous! Venez! et ne restez pas éloignés dans la terreur; venez hériter le mystère de Mon Royaume. Aujourd'hui, Je vous offre la Joie, la Paix, votre Héritage; Je vous offre un Trésor Inestimable plus magnifique que quiconque peut concevoir et obtenir. Si Je vous poursuis sans relâche, c'est à cause de la grandeur de l'amour que J'ai pour vous. Parmi les faveurs dont Je vous ai favorisés, Celle-ci est Ma Couronne[166]. Venez plus près de Moi et J'insufflerai en vous l'Immortalité, ranimant votre âme pour qu'elle se meuve, aspire et respire dans Ma Gloire, afin que vous n'apparteniez pas plus longtemps à vous-mêmes mais à Celui qui vous meut dans l'union de Notre Unicité.

Ne dites pas: «oserais-je, moi pécheur, demander la Lumière Inaccessible, accessible seulement aux saints?» Si vous croyez <u>vraiment</u> que vous êtes pécheurs comme vous le dites, et indignes de Mes Dons, l'impossible deviendra possible[167]. Je

---

166. Dieu parle de Son Saint Esprit.
167. Dieu entend par là que si nous admettons que nous sommes pécheurs, nous reconnaissons déjà notre indignité. Avec un esprit d'humilité, nous pouvons obtenir les Dons de Son Esprit.

vous embraserai immédiatement pour vous consumer et brûler jusqu'à la racine tout ce qui n'est pas Moi. Alors, Je remplacerai tout ce qui empêchait Mon passage en vous par Celui que vous pensiez Inatteignable; Il sera la lumière de vos yeux, le motif de votre être, le mouvement de votre cœur, l'exclamation de votre discours, votre rire et votre joie, l'ornement royal de votre âme, le gardien de votre esprit; Il sera votre frère, votre sœur, et votre ami fidèle; Il sera votre festivité, votre banquet, le trésor caché, la perle, votre hymne à l'Hymne, votre amen à l'Amen, la terre promise et la fondation de toutes les vertus sur lesquelles Il inscrira Son Saint Nom. Alors, venez recevoir le sceau de votre liberté, en admettant que vous êtes pécheurs et sujets au péché, afin qu'à Mon tour, Je prodigue sur vous Mes Richesses Inépuisables et le Royaume du Ciel. Mon Saint Esprit peut étancher votre soif.

Je veux vous transformer tous en une race irréprochable, en un peuple saint, en Notre Image, alors pourquoi, pourquoi Me demandez-vous aussi peu? … et avec si peu de foi? Pourquoi méjugez-vous Ma générosité? Votre manque de foi est un poison fatal pour votre esprit, vous attirant dans ce que Je rejette: des doctrines et des règles humaines.

Vous avez appris que l'Eglise est le Corps de Mon Fils et qu'Il en est la Tête[168]. C'est pourquoi, celui qui fait partie de Son Corps, doit aspirer aux dons de Mon Saint Esprit et pénétrer dans le mystère du Christ, mystère qui vous divinisera. Dans la puissance de Mon Esprit, vous verrez une glorieuse vision de votre héritage où repose tout le peuple saint. Vous verrez votre lieu de repos. Etes-vous dignes de Mon Royaume? A

---

168. Col 1.18.

qui vous fiez-vous? Posez vos yeux, votre esprit et votre cœur sur Moi et venez posséder Mon Royaume. Venez Me posséder Moi votre Dieu. Ne vous fiez à nul autre que Moi.

La puissance intérieure en vous est Mon Saint Esprit en qui vous respirez et vous mouvez, ne cessant jamais d'être. Le charme intérieur, la grandeur, l'éloquence et la beauté en vous, sont Mon Saint Esprit. La lumière intérieure de votre âme est Mon Esprit Trois Fois Saint qui rend votre âme impérissable, comblée de grâce, Mon ciel, Mon repos et la demeure parfaite pour Moi votre Dieu Trine mais Un dans l'unité de l'essence. L'intercesseur intérieur en vous, qui élève votre esprit dans une nuée et vous amène à la communion avec Mes Saints et Mes Anges, est Mon Saint Esprit. Il vous enseignera à être inébranlable lorsque persécutés et calomniés à cause de Moi. Disposez vos cœurs à parfaire votre âme, la comblant de Mon Esprit et vous vivrez!

Viens, Ma fille, nous? Dieu est avec toi.

$$A \, ☧ \, \Omega$$

27 janvier 1996

— Yahvé, Père, Tu m'as parlé comme un Abba,
comme un Ami.
Je bénis Ton Nom trois fois Saint.

Ta tendresse, en m'embrassant,
m'a révélé le Chemin de la Vie,
et depuis lors,

Tu as construit Ton Palais et Ta Domination
dans mon âme.

Oui! aussi tendrement qu'un père traite son enfant,
Tu m'as traitée.
Comme quelqu'un manipulant une fine porcelaine,
avec soin Tu m'as portée.

Tu T'es levé de Ton Trône Céleste.
Tu T'es levé et Tu es sorti,
T'approchant de moi gentiment avec Ton air Royal,
et alors que Tu posais Ton Doigt sur mes lèvres,
Tu m'as fait un clin d'œil,
provoquant un saut de joie dans mon cœur!

Yahvé, mon Roi, est descendu dans ma chambre.
Revêtu d'une redoutable splendeur
dans la majesté et dans la gloire,
mon Créateur et mon Roi m'a parlé en simplicité,
me laissant complètement abasourdie,
sans voix et stupéfaite,
à cause de Son attitude Paternelle.

Tu vois? Yahvé,
Tu es la Joie et le ravissement de mon âme,
le délice de chaque heure de ma journée,
la Consolation, la Bonté de mon cœur.

Ton Amour, Yahvé, est comme une Source
cascadant sur les montagnes et dans les vallées,
donnant vie même aux pierres!

Très Saint, prends-moi et cache-moi
dans la colonne de nuée,
loin des profondeurs de cette terre.

Dans la nuée, cache-moi du désordre
et, comme David a dit jadis, moi aussi, je dis:
«sans l'aide de Yahvé, depuis longtemps je serais partie
dans la Maison du Silence». *(Ps 94.17)*

Très Saint, immenses sont Tes accomplissements
dans ma vie quotidienne; aussi viens, oh! viens, Père.
Ne vois-Tu pas combien mon âme a soif de Toi?
Viens me laisser encore une fois stupéfaite.

— Tu es le fruit de Ma Richesse... Délicieuse enfant, qu'est-ce pour Moi de venir dans ta chambre depuis les cieux? Qu'est-ce pour Moi de descendre de Mon Trône et de te visiter? Tu vois? Et qu'est-ce pour Moi, Mon enfant, de t'embaumer de Mon parfum? Tout cela n'est rien pour Moi. Tu M'as entendu frapper et tu M'as ouvert ta porte. Converser avec toi Me délecte; te visiter en te scellant chaque fois de Mon Nom, Me glorifie. T'embaumer de Mon Parfum établit Mon Royaume en toi. Ah! Vassula, Ma compagnie ravit ton âme parce que toutes les paroles que Je murmure dans ton oreille sont vie. Accepte Ma compagnie et sois toujours dans la joie en Ma Présence, te délectant d'être avec ton Créateur et Père de tout. La Sagesse est pour les enfants, aussi, viens à Moi comme un enfant. Même en t'ébattant en Ma présence[169], as-tu peur que Mes Paroles scandalisent?

— Je suis sûre qu'elles scandaliseront certains!

— Tout homme juge selon ce qu'il a en réserve dans son cœur. Toutes Mes Paroles que Je dis sont justes et sont entendues sans détours par celui qui comprend. Délicieuses

---

169. Lorsque Dieu «joue» en me faisant fait un clin d'œil.

pour les simples et pour les purs de cœur mais pour les chacals, un scandale et une offense.

Ne donnez jamais prise au démon par votre esprit rationaliste. Ne croissez pas sur les illusions mais que votre fondation croisse en Mon Esprit. Construisez votre édifice dans Mon Saint Esprit en qui vous serez renouvelés. Venez et apprenez. Bien que Je puisse paraître invisible, Je peux être trouvé tout autour de vous et dans les choses que J'ai faites. Celui qui vit pour Moi vivra avec Moi. Celui qui aime son prochain a déjà vaincu le monde et est bien dans les empreintes-mêmes de Mon Fils Jésus Christ et sur le chemin de Mon Royaume. Oui, quiconque vit dans l'amour vit une <u>Vraie Vie en Moi</u>. Je suis votre Père avant votre père terrestre. Je vous ai engendrés avant votre père de chair. Liez-vous à Moi, afin que vous ne Me perdiez pas de vue et que vous ne vous déshonoriez pas. Obéissez à Mes principes mais avec un cœur et non un roc. Résolvez-vous à faire le bien pour le reste de votre vie mais avec une touche de joie. Résolvez-vous à cesser d'étouffer Mon Saint Esprit de Grâce autour de vous, afin que vous puissiez puiser votre souffle de Lui.

Homme! né d'une femme, honore La Femme ornée du soleil! Homme faible! Trouve ton confort en Son embrassement et dans les bras-mêmes qui ont porté Mon Fils à travers le désert en Egypte. Honore la Mère qui M'a honoré de Sa bienveillance. En effet, ne L'ai-Je pas hautement favorisée? J'ai fait de grandes choses pour la Femme revêtue du soleil, afin que, depuis ce jour où Mon Esprit L'a couverte, toutes les générations L'appelleraient Bienheureuse. Honte et déshonneur est le lot de qui a cessé de L'honorer. Je ne prends aucun plaisir à vos commentaires joints à vos ricanements sur la Femme, si hautement favorisée par Moi, et à chacun,

Je paierai son dû. Humiliez votre esprit, humiliez-le même encore plus maintenant et abstenez-vous de faire des grimaces lorsqu'il s'agit d'implorer Son intercession. Qui vous dit que Je ne L'écouterai pas? Votre Mère n'a-t-Elle pas intercédé à Cana? Ces signes ont été accomplis, afin que votre esprit puisse comprendre ce que votre esprit rejette aujourd'hui[170]. Ce signe était destiné à tous les âges à venir. La Femme ornée du soleil, ornée de Mon Saint Esprit trois fois Saint, et qui remplit le monde, a le rang de Mère de Dieu.

Viens, Ma fille, fais de ton mieux et Je ferai le reste. Yahvé dans Sa gloire te bénit. Que tes fruits augmentent[171]. Flamme des Yeux de Mon Fils, souviens-toi, tu n'es pas seule, Je suis avec toi.

30 janvier 1996

— Mon Epoux[172],
ne me laisse pas retourner à Toi les mains vides.
Que je revienne à Toi avec des vaisseaux d'encens
et des vaisseaux de fruits:
une armée tout entière prête à se sacrifier à Ta Volonté.

---

170. Dieu parle seulement pour ceux qui rejettent notre Mère Bénie et pour ceux qui ne Lui font pas suffisamment honneur.
171. Cela a été prononcé comme un commandement.
172. Is. 54.5: "... Ton Créateur sera ton époux..."

— Mon sacrifice, vis pour Moi, prends ton huile de Moi. Ecoute, éclate en cris de joie; si quelqu'un t'attaque à cause de Moi, compte cela comme un honneur. Faible, ô faible âme, quand apprendras-tu? quand? Pourquoi ne puis-Je pas te nourrir de ce pain quotidien que J'ai goûté avec ferveur pour vous sauver et glorifier Mon Père? Tu devrais en demander plus; tu devrais demander que cela tombe sur toi comme de la pluie. Tu dis: «Mon Epoux, ne me laisse pas retourner à Toi les mains vides» et Je te dis: Mon Epouse, comme tu as raison, cependant, prends le conseil de ton Epoux. Plaide pour plus de souffrances; apporte cet encens que tu M'as promis. Recouvre et reviens à tes sens. Je pourrais, si tu Me laissais, te submerger d'épreuves, de revers, tout; ne vois-tu pas combien tu es hautement favorisée? Ne rumine plus, reste la brillante flamme de Mes Yeux et n'essaie pas de l'éteindre...

En effet, Je t'ai exposée au monde comme une bannière avec Mon insigne sur toi mais le monde refuse de voir que l'insigne est le Mien. Ainsi, ils ramassent des pierres pour les lancer sur Ma bannière... D'autres te poursuivent comme des chasseurs frénétiques. Trouve ton bonheur dans la tyrannie qu'ils t'infligent. Je ne leur permettrai pas de te donner plus que ce qui est nécessaire. Le Tout-Puissant qui voit tout remarque chacun de tes pas et s'ils te malmènent plus que ta part, Mon Père et Moi Nous te soulagerons, t'amenant dans ton héritage. Ne pense pas que Je ne sois pas Moi-Même transpercé lorsqu'ils te transpercent; ce qu'ils te font à toi, ils le font à Moi. Je soupire de souffrance en toi. Ils Me tyrannisent en toi. Cela ne Me coûte aucun effort de retirer un tyran... mais maintenant, Je te le dis qu'il en soit ainsi durant un moment et aie confiance en Moi. Je sanctifie Ma demeure avec un sacrifice...

Et maintenant, reste-Moi obéissante en gardant tes vœux de
fidélité… Ils ont refusé Mon cadeau de délice… Ils ont versé
le sang innocent et leurs mains sont couvertes de ce sang.

ic

31 janvier 1996

— Mon Bien-aimé est descendu jusqu'à ma chambre
pour me presser sur Son Sacré-Cœur
et m'emporter avec Lui,
chevauchant les vents;
je suis à mon Bien-aimé
et mon Bien-aimé est à moi
pour toujours.

Aujourd'hui, les Yeux de mon Bien-aimé
sont dans le plus profond chagrin,
et Sa Tête repose sur mon épaule.
"Fontaine d'Eau Vive",
qui T'a causé tant de chagrin?

— Ce sont les Miens, les Miens mêmes… Je suis tellement
épuisé; Mon chagrin est insondable; Je ne peux te dissimuler
Ma détresse, Vassula… Plus rien ne peut être caché entre
nous, depuis que Je t'ai placée si près de Moi. Ecoute maintenant ce qu'a à te dire ton Bien-aimé: Celui qui t'a créée, ton
Créateur et Divin Père a décidé d'élever ton âme à Lui. Je
n'en fais pas de secret, oui! Mon Père S'est mis debout, Son
cri a résonné en chaque oreille céleste. Il S'est mis debout
pour te reprendre à Lui, Celui qui t'a nourrie paternellement
et qui t'a guidée, t'offrant en cadeau à l'humanité. Etant

Dieu, Il ne manque pas de voir ton innocence; étant Dieu, Il ne voit pas comme voit l'humanité, et Je te le dis, <u>Il S'est levé</u>[173]; Il S'est levé car la tyrannie qu'ils t'infligent a surpassé toutes mesures mises ensemble... Je te pose la question: «veux-<u>tu</u> que ton Père du Ciel t'arrache aux mains et aux lèvres mensongères des tyrans?»

— Seigneur, n'ai-je pas fait un pacte avec Toi? J'ai fait un pacte que durant les trois premiers jours de ma vie, mes yeux ne voient pas; j'avais fait un pacte avec mon Créateur et Bien-aimé, de demeurer dans l'obscurité, interdisant à mes yeux de voir le soleil dans sa gloire et à la lueur de la lune de m'éclairer, afin que je puisse accomplir ma mission jusqu'à la fin et Te glorifier.

— Ma Vassula, Je te demande à nouveau: «veux-tu prolonger tes souffrances sur terre, Mon enfant, ou veux-tu te réveiller dans le matin de Ma Lumière, dans Notre embrassement, entourée de milliers de voix angéliques où t'entoureront la sécurité, la gloire et la Douceur-même?»

— Ah! mon Dieu, mon âme a soif de Toi, mon âme languit de Toi. Maintenant, je pourrais dire simplement: «Viens; viens me secourir pour que je jouisse pour toujours de Ton intimité.» En moi, mon âme fond d'amour pour Toi. Mon esprit pourrait à tout moment succomber dans Tes Mains et, si je le voulais, je pourrais être sur le chemin de la Maison de mon Dieu, parmi les cris de joie et de louanges et une multitude exultante. Je pourrais être avec le Dieu de ma joie! Mais je veux être un objet de mépris parmi les morts et leur tyrannie pestilentielle à mon égard. Je ne suis pas sans Père, Tu es avec moi. Les Ecritures disent: "Si un homme est innocent, Toi

---

173. En anglais: «He has risen», dans le sens de «Il S'est mis debout».

mon Sauveur, Tu le délivreras". Tu as maintenant donné à ma main le libre choix pour que je choisisse. Très Saint, alors que je ne veux rien pour moi-même, c'est Toi qui m'as dotée de la vie, avec joie, m'attachant à Toi. Et c'est Toi qui as veillé avec une tendre attention sur chacun de mes souffles, et ainsi, le Chant que Tu veux chanter peut continuer à être chanté pour la liberté de nombreuses nations, et Tu peux continuer à jouer sur Ta harpe, mon Dieu, car à la fin, la Bête viendra en tremblant se tapir devant Toi. Utilise-moi comme un objet de mépris et place-moi toujours là où dominent l'obscurité et le désordre, et là où la clarté-même est comme les plus noires ténèbres.

— Mais ils sont en train de te molester!

— C'est pour Ta plus grande Gloire! Que cela soit! Qu'ils me molestent...

— Alors, Ma fille, qu'il en soit selon ta volonté; Je te bénis dans Notre Sainteté Trinitaire. Mais, dis-Moi: que dois-Je faire si Mon Père Se lève à nouveau?

— Rappelle-Lui notre pacte, Seigneur...

— A cela, Mon propre Cœur fond... Mon reste, J'en sauverai beaucoup par ta misère-même, par ta générosité; mais souviens-toi, chacun de tes mouvements qui M'honorent vient de Moi... Aussi, évite toute tendance à t'estimer toi-même... Sois patiente pour un tout petit peu de temps encore. Ai-Je jamais vu une misère ayant besoin d'amour sans lui donner Mon Cœur? Vois, Je suis ton Ami; nul ne peut dire: «le Seigneur nous impose Ses ordres...»

Et à toi, Ma fille, Je dis: «Je suis heureux que tu n'aies pas rompu ton pacte avec Mon Père. J'utiliserai ta générosité pour bénir chaque homme sur la terre et pour déverser Ma Miséricorde avant le jour du désastre. Je répandrai un esprit de gentillesse et de prière. Je te le dis, Moi le Seigneur, Je te transformerai en une Forteresse. Par Ma puissance, Je te rendrai forte. Ah! Mon Cœur Se réjouit en toi! Laissons nos yeux se rencontrer et fêter dans cette joie! J'en ramènerai beaucoup à Moi; ceux qui ont été égarés retourneront finalement à Moi...»

Viens, appuie-toi sur le Dieu de ta Joie! Ne perds jamais courage; souviens-toi, Moi aussi lorsque Je fus condamné et que l'on Me donna Ma Croix à porter, Je suis tombé sur le même sol qui vous porte tous, mais J'ai été élevé pour compléter Mon Œuvre. Alors, apprends de ton Sauveur. A la fin, le gain sera le tien... Le souffle de l'Omnipotence t'élèvera à nouveau; de tes supplices, Je tirerai la vie[174] en abondance. Sache ceci: ton Père te répondra de Son Saint Lieu. A ton côté, Je Suis...

— Mon Père?

— Je Suis[175]. Aujourd'hui, Je te donnerai aux nations et Je serai le Bouclier qui t'entourera... Aujourd'hui, tu M'as couronné de gloire. La tyrannie et l'injustice ont entouré le sang innocent et Mon Cœur était prêt à te retirer de la tyrannie. Comment puis-Je rester silencieux lorsque Je vois tes oppresseurs se tapir pour te tendre des embuscades à toi et à ton conseiller? Comment puis-Je rester silencieux lorsque ce que J'entends est: «Comment pouvons-nous les traquer?» Mais voici la consolation que Je vous offre[176]: cherchez à faire le bien, persévérez[177] dans la justice, Je suis avec vous... Restez

---

174. Les conversions.
175. C'est le Père Eternel qui parle.
176. A nous tous.

fidèles, les temps sont si mauvais. Je ne voudrais pas dire un jour: «Voyez, voilà Ma fille, elle gît toute seule sur le sol, sans personne pour la relever».

J'ai rempli tes[178] narines de Ma Force, et J'ai allumé en toi une flamme pour que tu <u>maintiennes la justice</u>. Tout ce que tu fais, fais-le dans un esprit de douceur[179]; même si ton témoignage n'est pas accepté, sois en paix. Ne regarde ni à ta gauche ni à ta droite. Beaucoup se lèveront[180] en déclarant qu'ils sont envoyés par Moi. Ne te fais plus attraper par eux... N'aie pas peur, il ne te sera pas fait honte...

Quant à toi, Ma fille, Je te réconforterai ainsi que tous ceux qui se fient à Moi. Les temps sont mauvais, mais souviens-toi, ton Créateur Se penche tendrement sur vous tous. Œuvre en paix en Mon Nom. Orne Mon Nom de ton amour et continue à planter des vignes dans les terres arides. Je suis ton Père, laisse-Moi être ta consolation en te souvenant que Mon Amour pour vous ne vous quittera jamais.

— Et toi[181] qui dis: «Je proteste contre une telle injustice: il n'y a pas de réponse; alors que j'appelle contre cette injustice, le jugement n'est jamais donné; ils m'ont dérobé mon honneur...» Je te dis: «S'ils ont rejeté ce que ta plume implore, sois en paix; quel plus grand honneur auraient-ils pu te faire?» A la fin, Mon ami, ne veillerai-Je pas à ce que la Justice soit rendue? Je te sais vaillant dans la bataille[182] mais

---

177. En anglais: «maintain justice»; j'ai également entendu «keep up justice».
178. Cela s'adresse au Père Michæl O'Carroll.
179. En anglais: «gentleness»; j'ai également entendu «firmness» — «fermeté».
180. De faux prophètes.
181. Le Père Michæl O'Carroll.
182. J'ai senti l'humour de Dieu et mon cœur a bondi de joie!

laisse-Moi cet honneur. Je suis Seigneur et Mes bénédictions sont les tiennes. Continue à planter dans Ma Maison... Je veillerai à ce que tu continues à rester frais, afin que tu portes fruit, en dépit de ton grand âge.

Ma fille, ton consentement par amour pour Moi M'a touché aux larmes... Heureuse es-tu, toi qui es pauvre; à toi est Mon Royaume. Je suis Roi en toi... A travers cette faiblesse[183], Je briserai le pouvoir des méchants. Je te bénis, Mon enfant.

12 février 1996 — Rhodes

— Mon Seigneur?

— Je Suis. Ma Vassula, apprends des saints. Je ne suis pas un Dieu compliqué. Je ne suis pas loin non plus. Je ne cache pas Ma Face pas plus que Je ne garde quiconque dans l'obscurité. Ma seule Présence est Lumière! Beaucoup d'entre vous disent[184]: «Seigneur, dis-nous quelque chose de nouveau...» Cela est l'esprit de l'Antéchrist et cet esprit est largement répandu dans le monde.

Je ne vous apporterai rien de nouveau. Je suis mort, Je suis ressuscité, Je suis le Premier et le Dernier. Celui qui croit en

---

183. Cf. 2 Co 12.9: "Ma Puissance est à son apogée dans la faiblesse" . La puissance de Dieu demeure sur nous tant que nous sommes faibles.
184. Ce message m'a été donné cinq minutes avant que je reçoive un appel téléphonique pour une interview à Radio Dublin. L'interviewer a fini par demander: «Jésus nous dit-Il quelque chose de nouveau?»

Moi aura la vie éternelle. Je suis vivant pour toujours et dans la gloire et Je détiens les clés de la mort et de l'Hadès. Il y a encore des choses à venir mais tout a été écrit jusqu'à la fin des temps. Je viendrai restaurer votre vue avec Mon Esprit pour accomplir ce que J'ai dit... qu'à la fin, Je triompherai.

Aujourd'hui encore, Ma terre est divisée, déchirée, et dans Ma Maison et dans Ma maisonnée, on vend et on achète. Aux prophètes que Je leur envoie, ils disent: «Ne prophétisez pas». Ce temps dont Je vous ai parlé auparavant est arrivé où l'on se tournera Cardinal contre Cardinal, évêque contre évêque, prêtre contre prêtre. Le pouvoir du Diviseur s'est infiltré comme de la fumée dans Ma Maison pour assiéger Ma terre. Son œuvre de destruction est forte et ses cibles favorites sont Mes âmes consacrées. Il transforme leurs pensées, pour qu'elles suivent les passions de leurs cœurs. Le Rebelle, là où il passe, laisse derrière lui sa malédiction... Il a juré de vous dresser les uns contre les autres. Il a juré, dans sa furie, de vous cribler tous, spécialement Mes consacrés, et de les piller. Il a juré de vous utiliser tous comme son jouet. Je te le dis, quiconque dont le cœur n'est pas droit succombera, mais les droits vaincront par la fidélité.

Sois forte, Vassula. Moi Jésus, Je te bénis toi et tes camarades. Ne juge pas. Nous? Je t'aime. Paix.

ic

20 février 1996

— S'il-Te-plaît, Seigneur, regarde ce sarment qui est Tien, visite-le et vérifie-le. Il a été secoué; la Vigne a-t-Elle senti combien il était tourmenté?

— Oui, puisque le sarment appartient à Moi, la vraie Vigne. Mon sarment, ne t'inquiète pas tant que tu fais partie de la vraie Vigne et que tu portes fruit. Mon Amour guérit; compte sur Moi et sur nul autre. Prie plus et demande-Moi plus. Pourquoi te gênes-tu de Moi? Viens à Moi, enfant, et tu obtiendras.

Je t'aime... Permets Mon Doigt sur tes lèvres, afin que celles-ci fassent écho à Mes Paroles. Accepte tout ce qui vient de Moi. Repose-toi en Moi et permets-Moi de Me reposer en toi. Je suis Seigneur, Je suis l'Alpha et l'Oméga, aussi, approfondis ta foi en Moi. Très chère enfant, aimez-vous les uns les autres et ne Me faites jamais défaut. Mon Amour est dans ton cœur pour te consoler. Viens.

ic

18 mars 1996

— La paix soit avec toi.

<u>Mon Commandement pour toi est</u>[185]: va là où Je t'envoie porter des fruits qui durent. L'Amen est avec toi. Va partout offrir tout ce que tu as appris de Moi. <u>Par la puissance de Mon Saint Esprit, tu marcheras, tu parleras, tu émouvras les cœurs, tu chasseras les démons, tu déracineras le mal et tu planteras le bien.</u> Et Moi, Je Me réjouirai de Mon choix. Réjouis-toi également en ton Dieu. Même après ta mort, ton corps continuera à prophétiser. Tu vois, Mon Esprit S'exprimera à travers ton corps. Moi, et Moi seul Je t'ai prêché:

"le Salut".

---

185. Dieu avait une voix très puissante et impérieuse.

Ma Puissance est à son apogée dans la faiblesse. J'ai trouvé la faiblesse et Je suis devenu ton vrai Ami. Veux-tu maintenant Me faire plaisir?

— Oui, mon Dieu et Père.

— Travaille fidèlement en Mon Nom Trois Fois Saint et exécute <u>Mon Commandement</u>, en union avec celui[186] auquel Je t'ai unie et que J'ai guéri, et qu'il supporte plus généreusement les fautes des faibles que J'ai suscités et bénis. Tiens bon pour cette œuvre de Miséricorde. Résiste au mal et accroche-toi à Moi. Va et n'aie pas peur de déclarer la vérité. Mon Saint Esprit défera tous les liens de la vérité. Mon Nom:

Paix et Amour.

---

186. Le Père Michael O'Carroll.

CAHIER 83

19 mars 1996

— Vassula-de-Mon-Sacré-Cœur, la Vipère, c'est la Vipère qui amène la mort qui est en train de ramper autour de vous tous. Elle tente, elle attend, elle attend votre chute, puis la mort n'est pas longue à venir. Ah!… Mon Sacré-Cœur est en peine…

— Seigneur, je suis là; que puis-je faire pour Toi, pour soulager Ta douleur?

— Suis <u>Mon Commandement</u>[187] à la lettre! La mort ne doit pas venir. Vois-tu ce que Je vois tous les jours? non… non, tu ne peux pas voir ce que Je vois… Je perds des milliers de vies[188], J'en perds <u>tellement</u>… chaque jour! As-tu vu ce que J'ai vu là, dans le désert? Ils sont des milliers qui meurent de faim et ont soif de consolation, d'espérance et d'amour; ils sont des milliers qui sont nus et ont besoin de Mes paroles. Ma compassion s'étend à tout ce qui vit, mais regarde! le Tentateur veut te dépouiller, afin que tu n'aies rien à offrir. Viens; tends ta main aux nécessiteux; ne fais pas défaut aux

---

187. Voir message du 18 mars 1996.
188. Jésus criait très fort et était en agonie.

affamés qui attendent là-dehors. Ne te dérobe pas à la visite des malades.

Vassula, J'avais résolu de t'avoir comme Mon épouse, afin que tu Me suives. J'ai fait de toi Mon épouse et J'ai placé Ma Lampe[189] en toi, afin que, dans la Lumière de Mon Saint Esprit et par Sa Puissance, tu commences à raisonner non pas comme raisonnent les mortels mais comme raisonnent Mes anges dans le ciel. Alors, Je t'ai fortifiée avec Mon Esprit de Force pour que tu résistes aux coups puissants de l'ennemi et que tu tiennes bon. Je t'ai donné Mon Esprit de Conseil pour te montrer ce qui Me délecte le plus. J'ai ouvert les portes du ciel et t'ai montré Mes saints[190] qui ont fait leur parcours dans la pauvreté, mais ont nourri et couvert ceux qui étaient nus, qui ont fait leur parcours dans l'humilité et l'obéissance, laissant la place à Mon Esprit pour qu'Il agisse en eux et produise des prodiges à travers leur loyauté. Ils ont fait leur parcours à travers la mortification, dans les crachats et les souffrances mais se sont réjouis au plus haut point de cet honneur et M'en ont demandé plus encore, alors qu'ils M'offraient tout.

Créature! tu as <u>encore</u> un long chemin à parcourir mais le prix sera à toi aussi, si tu acceptes ardemment tout ce que Je t'offre. Mon épouse, n'aie pas peur <u>si dans chaque course que tu entreprends, tu Me gardes dans ton esprit</u>. Regarde, dans une Main J'ai une semence qui, une fois semée, poussera, te donnant le contentement pour tout ce que tu seras capable de réaliser pour Moi, en ne te lassant jamais. Et cela ornera ton cou parce que les honneurs seront portés autour de ton

---

189. Jésus entend par là : le Saint Esprit.
190. Vision du 27 septembre 1987: saint François d'Assise et Padre Pio.

cou comme ornement de beauté. Et ta tête sera couverte de parfums coulant de tes cheveux comme la rosée. Maintenant, regarde dans Mon autre Main... tu vois <u>cette</u> graine? Celle-ci, une fois semée, te donnera le pain de la souffrance. Ce sera également pour ton profit[191]. Il y aura des plaies, et des plaies, encore et toujours, et Je susciterai tes plus proches amis pour les transformer en tes plus grands persécuteurs. Tu suffoqueras et tu gémiras. Je t'honorerai de Ma Couronne d'Epines, de Mes Clous et de Ma Croix. Mon amie, Je t'offrirai à boire quotidiennement de Ma Coupe jusqu'à ce que l'amertume de Ma Coupe ne te laisse plus un instant pour reprendre ta respiration. Maintenant, viens choisir une des graines. Si tu choisis la première, tu auras tes souffrances plus tard. Choisis!

— Je veux faire Ta Volonté. Tu es Dieu et Tu choisis pour moi.

— Très bien alors, Mon épouse, Je choisirai la seconde graine. Tu seras persécutée mais <u>jamais</u> par tes plus proches amis. Je ne le permettrai pas. Ah! comme Je Me réjouis, car tu t'es comportée comme Je voulais que tu te comportes, laissant tout entre Mes Mains et restant un <u>Néant</u>. Réalises-tu finalement que Je Me suffis à Moi-Même? Je n'ai pas l'intention de cacher Mes Richesses Inépuisables en ces temps de besoin mais Je les répandrai à travers ta nullité. Avec le peu de temps qui reste maintenant, ne tarde pas, car Je suis affligé au-delà de ta compréhension. Dépêche-toi car la mort est imminente là-bas dans le désert. Délecte-toi dans le Délice. Je te bénis.

ic

---

191. Le profit signifie la sanctification.

25 mars 1996 — Fête de l'Annonciation
(Message reçu du 20 au 26 mars 1996)

— Je suis Ta servante et je suis là pour Te servir, Majesté; sans Toi, je ne suis rien; Pur Contentement de mon âme, j'écoute.

— **Ma bien-aimée, viens apprendre: qui M'a le plus exalté? Je vais te dire qui M'a exalté le plus: c'est la Nouvelle Eve. Oui! la Femme ornée du soleil, debout sur la lune, et avec les douze étoiles sur Sa Tête comme couronne[192]. Car Moi qui ai fait le ciel et tout ce qui s'y trouve, et la terre et tout ce qu'elle porte, et la mer et tout ce qu'elle contient[193], Je L'ai placée <u>au-dessus</u> de toutes ces choses[194]. La Reine du ciel est toujours en présence du trône du Très-Haut. Rien moins que la hauteur du ciel au-dessus de la terre est la grandeur de Son Nom, Son Nom, enveloppé dans une robe de lumière. Que le monde entier ploie ses genoux devant Elle qui porte le Nom Sacré de:**

Mère de Dieu.

En Son sein Immaculé, Elle M'a glorifié en Me recevant, Moi l'Agneau sans défaut, formant un sanctuaire pour le Sanctuaire.

Viens chanter un nouveau cantique en Son honneur. Que tout ce qui vit sur terre révère Son Cœur Immaculé, l'Autel dans lequel J'ai été conçu et où Je suis devenu également Dieu-Homme[195]. Nul ne M'a glorifié autant que la Femme revêtue du soleil. Oui! Elle est si superbement magnifique dans Son parfait Amour, que les îles, les montagnes, les col-

---

192. Ap 12.1.
193. Ap 10.6.
194. D'où le signe de la Femme revêtue du soleil, debout sur la lune.
195. Jésus ajoute «également» parce qu'Il est Dieu.

lines, les vallées et les sources s'inclinent toutes profondément lorsqu'Elle passe près d'elles. Et aujourd'hui comme hier, lorsque le Plus Bel Amour passe sur la terre, escortée par Mes Anges — dont les yeux ne cessent jamais d'admirer l'Admirable, la Plus Sainte de toutes les Vierges, émerveillés de la Beauté du Chef-d'Œuvre de Mon Père —, lorsqu'Elle passe sur la terre, Elle intervient amoureusement et répond à vos supplications.

Laissez-Moi vous dire: Mon Sacré-Cœur est votre ciel, création, Mon Sacré-Cœur que tant d'entre-vous rejettent et refusent <u>est votre Ciel</u>, votre Paradis, votre Royaume, votre Héritage, votre Lieu-de-Repos pour l'Eternité. Alors, approchez-vous de ce Cœur qui vous aime tant et Je répandrai, de Mon Cœur dans votre cœur d'innombrables bénédictions, pour que votre âme devienne aussi belle que le printemps, pour transformer votre âme en une tour d'ivoire, un ciel pour Moi Seul.

Comment peut-on douter de Mon Amour? Ah! bien-aimés, chaque fois que vous doutez de Mon Amour, le soleil s'assombrit dans Ma détresse... Aujourd'hui, Je veux exposer, dans Mon immense Amour, le Cœur de Ma Mère[196].

[197] «O Chef-d'Œuvre de Mon Père! O Sublime Chef-d'Œuvre de Yahvé! Epouse de Mon Saint Esprit! Mon rayonnant Tabernacle! Ton Cœur Bien-Aimé des Bien-Aimés[198] est Un avec le Nôtre! Ton Cœur est Mon jardin enclos, une fontaine scellée; Ton Cœur est une Fontaine qui

---

196. J'ai senti le Cœur de Jésus fondre d'amour lorsqu'Il a prononcé le mot «Mère».
197. Jésus Se tourne vers Marie, la voix haute, remplie d'admiration.
198. J'ai compris que les «Bien-Aimés» sont la Très-Sainte Trinité, Bien-Aimée de l'Immaculée.

rend les jardins fertiles; Ton Cœur, ô Adorable, est Mon Trône, sur lequel J'ai été honoré; Cœur du Cœur, que J'ai couronné en Notre Présence et en présence de toute Ma cour céleste. [199]Comment quiconque de Mes créatures peut-il renier Ton Cœur[200]? Toi, l'Arche de puissance, toute revêtue de vertus, Mon Nouveau[201] Cantique, Ma Harpe, Ma Citadelle, Toi dont le Créateur du ciel et de la terre est ravi de la Magnificence, Toi qui Te tiens en Notre Présence et Te tiens plus près que jamais de tous ceux qui T'invoquent. Cependant, comment l'homme a-t-il pu tomber si bas et prendre le chemin trompeur de renier Ton Cœur?»

N'as-tu pas entendu, création, que Je suis le Cœur de Son Cœur? l'Ame de Son Ame, l'Esprit de Son Esprit? N'as-tu pas entendu que Nos Deux Cœurs sont unis en Un Seul?

Considère Mon Cœur Rédempteur, considère Son Cœur Co-Rédempteur, considère le Délice de Mon Cœur, qui se lève comme l'aurore, illuminant la terre dans son obscurité; considère le Cœur de la Reine qui brille sur l'humanité de façon plus éclatante dans Son rayonnement que toutes les constellations réunies; plus resplendissante que le soleil, rayonnante comme Ma Gloire à cause de sa perfection unique. Considère le Tabernacle de ton Dieu, considère et estime Mon Trône au plus haut point, comme Je L'estime.

Ne demande pas: «comment se fait-il que le Très-Haut Lui ait assigné un trône aussi élevé dans Ses Cours Célestes?» Regarde, non seulement, Je L'ai assignée Reine de Mes Anges et de Mes créatures, mais Je Lui ai assigné d'être Mon Trône.

---

199. Le Christ a baissé Sa voix, soudain devenue triste.
200. Jésus avait à la fois l'air attristé et étonné.
201. J'ai compris que Jésus fait allusion à la Nouvelle Eve.

La Reine du ciel et de la terre est le Trône du Roi des rois car, Moi le Seigneur de Tout, Je Lui ai donné la première place dans Mon Sacré-Cœur. Née pour être Ma Couronne de Splendeur, née pour être le Vaisseau de la Vraie Lumière qui a été faite chair de la lignée de David, née pour être Mon honneur et Ma fierté, l'Esprit avec Moi et le Père avons dit: «Marie pleine de grâce, Nous sommes avec Toi; Nous ne Te cacherons aucun des secrets, Notre Souffle sera Ton souffle, pure émanation de Notre Gloire; Marie, Notre Image de Notre Bonté, Nous Te donnons Notre Paix dans Ton Cœur; dans ce Cœur parfait, Moi le Fils, Je triompherai. Notre Cœur sera Ton Cœur, une ardente fournaise d'amour divin; Notre Ame sera Ton Ame, un trésor auguste, un Paradis pour Nous; Notre Esprit sera Ton Esprit; oui, car quiconque est uni à Nous est un seul esprit avec Nous».

C'est Celle que Nous avons si hautement favorisée, Celle que tant rejettent et qui cependant est l'onction de tes yeux, le baume de tes plaies, la supplication miséricordieuse auprès du Père Eternel pour tes supplications, l'intercesseur et l'avocate de ton âme. Homme faible... l'Epouse de Mon Saint Esprit est le Temple du Temple, la terre promise des faibles et des misérables, le reflet de Ma Lumière éternelle; la Consolatrice de votre Consolateur est le réconfort de tes douleurs...

Qu'a à dire l'homme? Que peut dire l'homme sous sa tente? Comment peut-il découvrir dans son corps périssable quoi que ce soit de céleste qu'a fait la Main toute-puissante de Mon Père, lorsque son âme est appesantie par le péché? Tu gouvernes ton esprit, homme, sans aucune lumière, sans aucun sens. Aujourd'hui, homme, ouvre ton cœur; alors, tous les mystères qui t'apparaissent insondables te seront révélés par Ma Divine Lumière, Trois Fois Sainte, et tu comprendras <u>Qui</u> est la Femme ornée du soleil; alors tout ton être sera élevé et ton cœur exultera et sera en ravissement lorsque tes yeux seront dévoilés pour que tu voies le Cœur Béni des cœurs bénis, le Plus Saint des saints, le Cœur Incomparable, brûlant d'un amour sans limite, un feu embrasé et tellement brillant.

Alors, Mon ami, tu comprendras ce qu'est la Vertu et comment, dans ce Vertueux Cœur Virginal, Moi Dieu, Je suis devenu le Dieu-Homme; tu verras la Mère de ton Sauveur, Mère des prophètes, Mère des disciples, Mère des charismes, Mère du Triomphe, Mère des grâces sans limite, Mère de l'inégalable Rédemption, le Vignoble de la Vraie Vigne, le Chemin du Chemin qui mène tout le monde à Moi, la Porte largement ouverte pour le Ciel pour que tout le monde y entre et ait la vie éternelle.

N'as-tu pas remarqué comme Mon Cœur fond et favorise toujours Son Cœur? Comment, à ce Cœur qui a porté votre Roi, peut-il être refusé quoi que ce soit qu'Elle Me demande? Tous les fidèles, bénissez Son Cœur car en bénissant Son Cœur, c'est Moi que vous bénissez. Reine et adorable vous La proclamerez, lorsque vous La connaîtrez. Aussi, élève tes yeux, création, à la vue de Son Cœur et Je te promets que tu ne cesseras jamais de croître en rayonnement; ton cœur sera élevé dans la fournaise de Son Cœur et, palpitant de délice et comblé, tu entreras dans Son Cœur comme on entre dans un océan d'amour, puisque les richesses de Son Cœur sont aussi vastes que la Mer qui coule vers toi et toi vers cette Mer. Les Richesses du ciel et de la terre reposent toutes dans Son Cœur et elles peuvent être toutes à toi!

Quoique la nuit recouvre encore ton esprit et ton cœur, lève-toi! Lève-toi et élève tes yeux vers cette rayonnante vision de Son Cœur, qu'à leur époque tant de prophètes voulaient voir, mais n'avaient jamais vue. Lève-toi et chante un nouvel hymne à l'Hymne de la Très Sainte Trinité, chante en disant: «frères! sœurs! venez et soyons recouverts du Manteau de la Grâce dans la Grâce; venez et soyons recouverts de la Lumière de la Reine. Venons nous faire couvrir de l'ombre de Celle qui fut couverte de l'ombre du Saint Esprit.» N'as-tu pas entendu comme les nations viendront à Sa Lumière et que les rois viendront vers sa clarté naissante, lorsque, à la fin, Son Cœur triomphera, ensemble avec le Mien? Mystère pour les riches de cœur, mais pour les pauvres et les humbles, une Bénédiction tant désirée...

Oh! venez! avant que l'inondation du péché ne s'abatte sur vous! Venez dans cette Arche[202] qui peut vous sauver. Ne soyez pas comme vos ancêtres aux jours de Noé, qui n'ont pas écouté. Venez dans l'Arche et vous serez sauvés des eaux tempétueuses du péché, et de périr dans les inondations de péché. Venez et devenez l'enfant promis de la Médiatrice comme résultat de la dévotion que vous aurez eue pour Elle. Dans votre dévotion pour Elle, c'est à Moi que vous serez dévoués. Chaque dévotion honorant Son Cœur s'amplifie et monte vers Moi puisque Notre union est tellement parfaite. Dans votre dévotion pour Son Cœur, tous Mes décrets seront mieux compris dans Sa Lumière, parce que vos pas seront guidés par Son Cœur puisque votre main sera prise par le Trône des Grâces Lui-même. Combien serez-vous bénis d'avoir répété votre dévotion à Son Cœur! Venez à Celle

---

202. Le Cœur Immaculé de notre Mère Bienheureuse.

si Bénie qui montre Son Amour Maternel à Ses enfants en leur montrant le chemin pour le ciel. Venez à la Co-Rédemptrice de votre Rédempteur dont le Cœur brûlant d'Amour fut offert pour être, lui aussi, percé[203] à cause de vous. Venez honorer ce Cœur lumineux comme une lampe, brillant au-dedans et au-dehors près de Mon Cœur.

Si vous dites: «Nous n'avons pas besoin de Son Cœur», sachez qu'en réalité, vous dites: «Nous n'avons pas besoin du Cœur du Seigneur!» Apprends, homme faible, que Mon Sacré-Cœur et le Cœur Immaculé de votre Mère sont tellement unis que dans leur parfaite unité, ces Deux Cœurs Divins deviennent Un Seul. Je te le dis solennellement: si tu reconnais Son Cœur, non seulement tu reconnaîtras Mon Cœur mais aussi Celui du Père. N'ai-Je pas dit que Je suis dans le Père et que le Père est en Moi? Si Je suis dans le Père et que le Père est en Moi, Mon Cœur également est dans le Père et Son Cœur est dans le Mien. Dire que Nous ne sommes pas inséparables et Un, c'est renier Ma Parole. Ne sois pas l'esclave de ton esprit et ne sois pas gagné par les arguments du monde.

Dis-Moi, de quelle créature le cœur est pareil au Cœur de Marie? Il n'y en a aucun pareil au Cœur de Marie. Parfaite depuis le commencement, Immaculée depuis Sa naissance[204] et pleine de Grâce, surpassant dans sa grâce les grâces de Mes Anges. C'est pourquoi Mes Anges, en foules, se sont interrogés les uns les autres: «Qui est-ce, derrière Son voile?»; «Pourquoi les crêtes des montagnes s'inclinent-elles profon-

---

203. Cf. Lc 2.35.
204. Marie est parfaite depuis le commencement, donc immaculée depuis Sa «naissance» dans le plan divin; Son Immaculée Conception est confirmée plus loin (p.161).

dément, La saluant lorsqu'Elle passe près d'elles?»; «Qui est-ce, sans une tache dans Son Cœur et qui plaît tant à Dieu?»; «Avez-vous vu comme toute la création de Dieu abaisse son regard lorsqu'Elle passe?»; «Qui est Celle qui est comme une fontaine qui rend les jardins fertiles par Ses grâces, ce puits d'eau vivante?»; «Qui est-Elle, avec un Cœur si pur, avec un amour divin, aspirant à Dieu jour et nuit, nuit et jour, et en parfaite union avec le Très-Haut?»; «Qui est cette Vierge qui est si humble malgré Sa grande richesse en vertus et en grâces, que les Yeux du Dieu suprême ne La quittent jamais?» Beaucoup de Mes Anges restaient silencieux en admiration, les mots leur manquant… C'est dans ce Cœur, dans cet Abîme de grâce que J'ai exercé Ma puissance. L'Auteur du ciel et de la terre, l'Auteur de la grâce a trouvé Son ciel dans le ciel, Sa grâce dans la grâce, pour parvenir à la condition d'un esclave. Je suis venu à la Prodigieuse Humilité pour servir et non pour être servi. Moi le Rédempteur de toute l'humanité, le Messie promis, Je suis venu à la parfaite image de Mon Sacré-Cœur, pour partager les douleurs, les joies, les souffrances, le martyre, les émerveillements, les trahisons, les agonies, la flagellation, le transpercement et la crucifixion; ensemble Nos Cœurs ont expié. Tous les moments que Ma Sainte Mère a passés sur terre, furent un parfait hymne d'amour, de charité, d'humilité et de pureté. Un trésor de Mes trésors.

Je suis venu dans ce Saint Cœur, image et ressemblance de Mon Sacré-Cœur, pour devenir le Dieu-Homme, afin que Je suive Ses pas[205] et que, plus tard, Elle suive les Miens[206]. J'ai dit qu'Elle et Moi avons tout partagé jusqu'à la Croix; Notre

---

205. Lorsque Jésus était enfant, suivant Sa Mère.

Union était si intimement parfaite que Nous n'avions pas besoin de parler, car la seule et unique expression était dans Nos Cœurs; Mes paroles et Mes pensées n'avaient pas besoin de lui être transmises en Mon absence; dans le suprême pouvoir de Mon Saint Esprit, tout était connu d'Elle; dans Son Cœur virginal, tout était connu d'Elle, puisqu'Elle possédait Dieu et que Dieu La possédait. De cette manière, Sa nourriture quotidienne était la Volonté du Père Eternel.

O création! Mon Ame est profondément consternée lorsque tant d'entre-vous renient Son Cœur! Et Mes Anges tremblent pour ce jour où Je déclarerai coupables ces gens! Mais pour ceux qui L'ont honorée et aimée, la Porte de Son Cœur vous sera ouverte pour que vous entriez dans le ciel. Et Je te dirai, à toi qui L'aimes et L'honores: «Viens! ton amour pour Elle était si grand sur la terre qu'aujourd'hui, tu peux venir dans ta chambre et t'incliner profondément devant Mon Saint Temple[207]».

Création, ce Grand Signe[208] dans le ciel, la Femme ornée du Soleil qui rend les démons paralysés de peur, ce Grand Signe qui illumine les cieux, terrifiant les Ténèbres[209] est nul autre que Ma Mère. En contraste avec les ténèbres, J'ai élevé cette Très Sainte Vierge pour être pour vous tous une Colonne de feu resplendissant dans la nuit pour guider vos pas et, le jour, un Soleil pour illuminer votre effrayante obscurité. Ce jour où Je fus conçu par le Saint Esprit en Son Sein Virginal, tous les démons furent paralysés de frayeur, alors qu'en même

---

206. J'ai compris que Marie a suivi Jésus dans Sa Mission et dans Sa Passion.
207. Notre Sainte Mère, le Temple de Dieu.
208. Ap 12. 1.
209. Le démon.

temps, dans le ciel, une grande multitude de l'armée céleste louait Dieu en chantant: «Gloire à Dieu au plus haut du ciel, et paix à l'homme qui jouit de Sa faveur».

Alors, Je suis descendu du ciel au ciel, de Mon trône à Mon trône... Oui, là où chaque vertu fleurissait, ravissant Mon Sacré-Cœur par le parfum de Son parfait Amour. Le Cœur de Ma Parfaite est inégalé et tout-à-fait aimable... Son Cœur, depuis Son Immaculée Conception, fut une prière incessante, un encens réparateur, une adoration incessante pour Dieu. C'est Mon Vignoble[210] que la Main puissante de Mon Père a cultivé, afin que la Vraie Vigne plonge Ses racines dans ce sol.

Venez vers le Cœur de votre Mère Bénie, qui est aussi lumineux que le jour; venez recevoir Ses grâces qui sont tellement innombrables et qui étincellent en rayons de Ses Mains. Mon Cœur qui est plein de grâce et de vérité fut fait chair dans le Sein virginal plein de grâce et de vérité. Et maintenant, Nos Deux Cœurs, unis en Un Seul, vaincront le Douloureux Fléau, non par la force physique ni par la force des armes, mais par l'amour et le sacrifice.

(Plus tard)

— Ma Paix Je te donne. Dans cette Paix, reçois Mon Message[211]... tout ce qu'il a à faire est de lire Mon message, puis, qu'il décide; Ma fille, toute la création M'obéit...

— Oui, la création T'obéit, mais Tes créatures ne T'obéissent pas toutes!

---

210. Notre Sainte Mère.
211. J'avais demandé à Jésus ce qui arriverait à quelqu'un s'il n'obéissait pas ou n'écoutait pas Ses requêtes.

— Non... toutes ne M'obéissent pas. Beaucoup d'entre elles sont tentées et veulent gagner l'approbation des hommes plutôt que la Mienne... nombreux sont ceux qui sont avides de plaire aux hommes avant de Me plaire à Moi leur Dieu. Et pour certains, ce n'est que l'intérêt personnel qui les fait Me désobéir. D'autres n'ont pas encore décidé de repousser derrière eux leurs passions, l'amour de leur confort; ils pèchent autant qu'ils respirent. J'ai parlé du jugement d'autrui et combien leur langue sera cause de leur condamnation, cependant, à cela, Je puis ajouter une chose de plus: les bouches qui crachent le feu, claquant sur les gens, les déchirant en pièces, celles-là également souffriront puisqu'elles affligent Mon Saint Esprit. Les voies de Mon Saint Esprit sont <u>tellement</u> différentes! Quiconque est mené par Mon Esprit reçoit la grâce d'observer Mes Lois et Mes Voies qui sont <u>douces</u>, aimantes et si parfaites. Je suis la Source de l'Amour et Jésus est Mon Nom; mais le Malin est la source du Mal et de toute méchanceté...

Ma fille, ne perds jamais courage; que ta vie devienne un ornement de beauté, une couronne de fleurs, une fumée d'encens croissante, afin que l'Image du Dieu jamais vu te devienne visible pour toute l'éternité. Reste-Moi fidèle. Je suis à ton côté. <u>N'aie jamais peur</u>! Loue-Moi, Ma fille; paix...

ΙΧΘΥΣ >=====○

(Plus tard)

— Mon Seigneur, ma Vie, ma Famille,
je fais partie de Toi et mon esprit exulte en Toi;
je bénis Ton Nom pour toujours et à jamais.

Célèbre, création, les actes de puissance de Dieu,
et loue-Le, Lui qui élève les humbles;
quel mortel peut douter
de Tes merveilleuses interventions?

— Ma Vassula, que ta vie Me soit une incessante prière... Ne laisse personne te tromper en te disant que Dieu n'a aucune intention d'approcher Son Peuple... Ne laisse pas ces gens troubler ton esprit. Mon encens, prie pour ces gens, afin qu'eux aussi viennent boire de Ma Fontaine et soient ravivés. S'ils sont mal disposés et sont réticents à entendre et à comprendre, c'est parce qu'ils M'ont abandonné, Moi et Mes Lois. Ah![212]... Vassula, Ma fleur, cette génération est devenue un pays de sécheresse. Prie pour la conversion du monde.

ic

3 avril 1996

— Ma Vassula, Ma petite élève de cette fin des temps, Je vais maintenant te dicter un discours céleste sur le Cœur de Ma Mère... Comme Je te l'ai dit précédemment, le Cœur de Ma Mère et le Mien sont si unis qu'ils deviennent Un. La Vierge des vierges, la Toute Sainte, maintenant pour toujours dans le Ciel, Ma Mère, continue a être proclamée dans le Ciel comme: Ma Mère[213]. Lorsque Moi Dieu Je suis descendu pour être conçu par le Saint Esprit et être né de la Vierge Marie, Je suis venu dans Mon ciel! Je suis descendu d'un ciel dans l'autre, J'ai laissé un trône pour siéger sur l'autre.

---

212. Un soupir.
213. Titre de «Théotokos», «Mère de Dieu».

Comme la lampe brillant sur le lampadaire sacré, J'ai trouvé Son Cœur brillant de l'intérieur et de l'extérieur. J'ai été accueilli dans ce Paradis pour être glorifié. Ce qui avait été perdu[214] et profané par Eve devait être gagné[215] et sanctifié par la Vierge Marie au travers de Sa parfaite obéissance et humilité. Et à travers cette Femme, Mon Règne sur terre viendra à nouveau. Mon Règne sur la terre sera fondé en chaque cœur. Une fois de plus, Mon Esprit sera déversé sur vous, avec une telle profusion que cette aridité actuelle sera transformée en une terre fertile.

Il a été dit qu'à la fin des temps, Nos Deux Cœurs suscite-raient des apôtres et qu'ils seraient appelés apôtres de la fin des temps; que ceux-ci seraient instruits par la Reine du Ciel et par Moi-Même pour aller de l'avant dans chaque nation, pour proclamer sans peur la Parole de Dieu. Même lorsqu'ils seraient trempés de sang par les attaques vicieuses de l'En-nemi, ils ne seraient pas brisés; que leur langue transpercerait les ennemis de Mon Eglise comme une épée à double tran-chant, en exposant leurs hérésies. Ils ne chancelleraient ja-mais, pas plus qu'ils ne connaîtraient la peur, parce que Je les pourvoirais d'un esprit de courage. Le fouet destructeur ne les atteindrait pas. Ils ne laisseraient pas une seule pierre non retournée, ils poursuivraient les pécheurs, les orateurs hau-tains, les grands et les fiers, les hypocrites, les traîtres de Mon Eglise; ils les poursuivraient avec Ma Croix dans une main et le rosaire dans l'autre. <u>Et Nous Nous tiendrions à leur côté</u>; ils fracasseraient les hérésies et érigeraient la fidélité et la

---

214. Eve a perdu l'entrée du Paradis pour elle-même et pour tous ses enfants.
215. Marie a gagné l'entrée du Paradis ainsi que pour tous Ses enfants, par la Rédemption et le Sacrifice de Jésus.

vérité à leur place; ils seraient l'antidote du poison parce qu'ils pousseraient, comme des bourgeons, du Cœur Royal de Marie[216]. Ces apôtres de la fin des temps invoqueraient Dieu leur Père, et Dieu leur Père ferait appel à leur esprit; ils invoqueraient Marie, leur Mère Bénie, et leur Mère Bénie ferait appel à eux pour qu'ils deviennent témoins du Très-Haut, et le Saint Esprit leur donnerait un esprit de zèle pour être prêts pour Dieu, pour être prêts pour cette Bataille.

Ce jour-là, l'arrogante couronne des puissances du mal sera foulée aux pieds par la Femme ornée du soleil, et par tous Ses enfants. La seconde Eve, à qui J'ai donné assez de puissance pour vaincre Satan et son empire, écrasera sa tête de Son talon. Cette inimitié n'est pas seulement donnée entre la Reine du ciel et Satan, mais elle est donnée aussi entre Ses enfants, dont l'empire est dans Son Cœur, et les enfants du Démon qui ont construit leurs royaumes en lui et à travers lui et qui sont en vos jours vos plus grands persécuteurs. Nombre d'entre eux sont adorateurs de la Bête, les érudits et les philosophes de votre temps... Moi, dans Ma sainteté Trinitaire, J'avais choisi cette humble Jeune Fille pour qu'Elle devienne, dans Ses vertus et grâces parfaites, la Femme qui défierait, par Ses vertus et Ses grâces, le royaume tout entier de Lucifer, qui entre constamment dans de violentes rages et qui tremble de peur au son de Son Nom. Je vous le dis, non moindre que la hauteur du ciel au-dessus de la terre est l'immensité, la puissance et la splendeur de Son Nom. Que tout ce qui vit sur terre révère le Cœur de la Reine. Elle n'a jamais cessé de protéger Ses enfants des embûches du Mauvais qui, en votre temps, s'est présenté ouver-

---

216. Jésus entend par là que c'est Marie qui les formera.

tement pour livrer bataille contre Mon Sacré-Cœur et toute l'armée de Mes saints. Mais bientôt, l'empire du Malin sera disloqué et sa souveraineté sera déracinée par les Mains puissantes de Marie[217]. En toute vérité, Je vous le dis: il n'y a personne sur la terre ou dans le ciel ou dans les puissances angéliques à qui il ait été donné une autorité et un pouvoir aussi immense sur tout comme votre Mère Bénie, après Mon Pouvoir et Mon Autorité; car Je suis l'Alpha et l'Oméga, le Premier et le Dernier, Celui qui est, qui était, et qui doit venir. Je Me suffis à Moi-Même comme vous le savez, mais c'est par le Cœur Virginal de Marie que Mon plan Rédempteur a commencé et ce sera à nouveau par ce Saint Cœur que J'accomplirai Mon plan de Salut. Aussi, honore Son Cœur, toi qui te mets en rage au son de Son Nom et comprends qu'<u>Elle est la Joie de Mon Sacré-Cœur</u>, <u>la Joie de Ma cour céleste</u>. Ses pensées, depuis le jour de Sa Conception furent toujours en union avec Mes pensées; Son Cœur, en totale soumission à la Volonté de Mon Père, était une prière incessante, un incessant hymne d'amour, une adoration envers Moi, votre Dieu trine mais Un dans l'unité de l'essence.

Aujourd'hui, en cette fin des temps où la bataille fait rage contre Nos Deux Cœurs[218] et contre Nos enfants qui témoignent de la Vérité, Je vous le dis: courez à votre Mère Bénie qui, comme une poule qui cache ses poussins sous ses ailes, vous cachera vous aussi sous Son Manteau. Ah! mais tant d'entre-vous ont péri avant même que vous soyez nés, avec toutes les prohibitions aux dévotions que vous aviez jadis

---

217. Cf. message de Fatima : «Por fim, o Meu Imaculado Coração triunfará» – «A la fin, Mon Cœur Immaculé triomphera» (13 juillet 1917).
218. Allusion à Ap 11, les Deux Témoins.

pour Son Cœur Virginal! Tout cela à cause de vos doctrines humaines et vos règlements rationalistes, vous avez réglé votre cœur et votre vie selon cette vie mondaine. O esclaves du péché! Esclaves de l'argent! Esclaves de Satan! considérez-vous morts et putréfiés! Eh bien, alors, votre temps de luxure est presque terminé maintenant. N'avez-vous pas entendu que la Splendeur de l'Aurore[219] s'apprête à régner et à briller en chaque cœur qui a été consacré à Nos Deux Divins Cœurs, de qui ils obtiendront la divinisation? cette divinisation que la race humaine a perdue lors de sa chute... puisque le péché est entré dans le monde au travers d'un seul homme, et au travers du péché, la mort. Aussi, Mon plan de Rédemption fut conçu par le Cœur Co-Rédempteur de Marie, la seconde Eve, parfaite[220] à l'Image de Dieu, afin que Moi, le Nouvel Adam, Je trouve Mon Paradis dans Son Cœur Immaculé.

Entendrai-Je de toi, génération:

«Mon cœur est prêt, Seigneur, à apprendre à aimer et à honorer le Tabernacle qui a porté Ton Sacré-Cœur. C'est vrai que depuis le sein, je me suis égaré, j'ai été dans l'erreur depuis ma naissance; comme Esaü, j'ai couru loin de ma Mère pour rechercher mes intérêts et les réaliser en tourmentant les autres, j'ai voulu dépendre de ma propre force; j'ai haï mon frère qui contrariait mon cœur en méditant comment plaire au Cœur de notre Mère et restant près d'Elle, recevant Ses Grâces en abondance; je n'ai pas été comme Jacob et ses descendants; Seigneur, mon cœur est prêt à apprendre et à aimer avec honneur le Sanctuaire du Très

---

219. Jésus entend par là : Son Règne à venir.
220. En anglais: «perfected».

Saint Sanctuaire, afin que plus aucune tromperie n'entre dans mon esprit toujours malveillant, qui harcelait, comme Caïn, son frère que finalement il tua. Je veux arrêter de pourchasser ceux qui appartiennent à Son Cœur Immaculé, et me tourner plutôt vers la Vierge des vierges et devenir un autre petit Jacob, afin que dans Sa Bienveillance, Elle répande de Son Cœur Virginal et Immaculé, sur moi, d'abondantes grâces afin que mon âme, une fois Sienne, festoie dans Ses richesses, faisant de mon cœur un ornement de beauté dans l'Ornement de Beauté. Que mon cœur, Seigneur, désire et aspire à regarder dans Ton Sanctuaire[221] pour voir Ta Puissance et Ton Autorité, à regarder dans la Trésorerie du Sanctuaire et festoyer le plus richement. Ne permets plus à mon âme, Seigneur, de descendre sur la terre, en bas, comme Caïn ou Esaü, mais élève mon âme à Son Très Saint Cœur pour qu'elle devienne, elle aussi, héritière en recevant, comme Jacob, les bénédictions célestes».[222]

Venez, que vos pensées soient maintenant pour les choses célestes, afin que vous soyez capables de comprendre ce que la Sagesse vous cache. Pour cela, vous avez besoin d'abandon de soi et de repentir. Le mystère qui avait été caché durant des générations est sur le point de vous être révélé. Votre espérance est à portée de main. N'avez-vous pas remarqué comme, en cette fin des temps, la Reine de la Paix passe sur la terre, escortée par Mes Anges? N'avez-vous pas remarqué comme Son Cœur Immaculé vous proclame à tous Ma Parole et prépare Mon Règne? N'avez-vous pas remarqué

---

221. Le Cœur Immaculé de Marie.
222. Tout cela forme une confession qui nous est donnée par Jésus pour que nous la Lui disions.

comme le Cœur de votre Mère Bénie éduque Ses enfants et les forme Cœur à cœur, afin que chacun soit prêt pour Mon Règne? N'avez-vous pas remarqué comme, de Son Trésor, Elle vous perfectionne dans Son Cœur pour Moi?

J'ai donné à la Reine du Ciel et de la terre tous les joyaux de la Sagesse dans Son Cœur et, de ce trésor, Elle donne abondamment Ses Grâces pour vous soustraire au pouvoir des ténèbres et faire de vous de grands saints et apôtres, et de grands guerriers pour se joindre à Elle dans cette grande bataille de votre temps. Avec Son amour Maternel, la Reine du Ciel cherche de toutes les manières à obtenir votre liberté, afin que vous gagniez le ciel. Elle vous instruit et te rappelle que, toi aussi, tu es Son enfant, appartenant par la grâce, à la maisonnée impériale des Saints du ciel et qu'Elle a réservé pour toi aussi un trône parmi les Saints.

Il n'est rien que Je ne puisse faire pour le Délice-de-Mon-Cœur[223], parce que, depuis le commencement, il n'y avait rien en Elle qui voie les choses différemment que Mon Père, Moi-Même et le Saint Esprit les voyons. Notre[224] Volonté était en parfaite union avec Sa volonté; Ses désirs étaient Nos désirs; car Je suis le Cœur de Son Cœur, l'Ame de Son Ame, l'Esprit de Son Esprit. N'as-tu pas entendu parler de Notre Unicité de Cœur, d'Ame et d'Esprit? Mon état sur la terre comme Dieu-Homme était divin, cependant, J'étais obéissant, vivant sous l'autorité de Ma Mère et de Mon Père adoptif. Je Me suis dépouillé pour assumer la condition d'esclave en acceptant la mort et toi, génération, n'as-tu pas encore compris que la Vraie Vigne a plongé Ses racines dans

---

223. Marie, notre Mère Bénie.
224. La Sainte Trinité.

le Vignoble[225] de Mon Père? et que l'Epouse du Saint Esprit, la Cité de Dieu[226], la Terre Promise, est également ta Mère à qui tu dois honneur?

Ah! génération, comment ton cœur a-t-il pu prendre un chemin aussi trompeur que de s'abstenir de Son intercession? N'as-tu pas lu: «Le Seigneur Dieu Lui donnera le trône de David Son ancêtre?» La Reine du ciel et de la terre est également Mon Trône. Elle est le Trône de votre Roi, qui fut fait chair de la lignée de David... Le Seigneur votre Dieu «régnera sur la Maison de Jacob pour toujours et à jamais et Son Règne n'aura pas de fin[227]». Les Jacobs d'aujourd'hui sont Ses enfants, les apôtres de la fin des temps et les grands Saints qui, par le Cœur de Ma Mère, sont élevés et formés à être un seul cœur avec Nous, pour toujours et à jamais, car Mon Règne dans leur cœur n'aura pas de fin. Soyez un.

---

225. Notre Mère Bénie.
226. Lc 1. 32.
227. Lc 1. 33.

CAHIER 84

9 avril 1996

(Message de Notre Mère Bénie:)

— Ma Vassula, maintenant, écoute-Moi très attentivement: Le Seigneur, dans Sa Miséricorde, vous a donné ce Trésor[228] directement de Son Sacré-Cœur; Il a déployé la force de Son Bras en apportant cette bonne nouvelle aux confins de la terre. Si seulement vous saviez tout ce que le Seigneur vous offre en votre temps! Mais l'Esprit du Seigneur vient seulement aux simples et aux purs de cœur et les comble de Ses Dons. A ce jour, Sa gloire brille sur les humbles, et Il continuera à renvoyer les riches démunis...

Par ce Message, Il vous appelle à une vie de Paix; Dieu vous appelle tous car Il est Père; Il vous appelle à amender vos vies et à vivre saintement. Moi, votre Mère, Je bénis tous ceux qui sont retournés à Dieu et Je Le loue, Lui dont la Miséricorde s'étend d'âge en âge. Quant à ceux qui continuent à se fier obstinément à <u>leur</u> philosophie, menant une vie immorale, priez et jeûnez pour eux. Mon Cœur, en tant que Mère, est déchiré par leur refus et par leur aveuglement... Ah! quelle souffrance, quelles épines dans Mon Cœur, Mon enfant!

---

228. L'œuvre de «La vraie vie en Dieu».

Et toi, continue à témoigner au Nom du Père, de Mon Fils et du Saint Esprit. Continue à faire connaître Leur Nom et va partout où le Père, Mon Fils et le Saint Esprit te disent d'aller; Ils ne te feront pas défaut, aussi, fie-toi à Eux. Ma fille, Je suis toujours là où est Jésus; Nous sommes avec toi, aussi, n'aie pas peur; à la fin, l'Amour triomphera... N'aie pas peur des cœurs superbes, car bien qu'ils se vantent de leur pouvoir, ils ne sont rien aux Yeux du Seigneur. N'as-tu pas entendu: «Le Seigneur de Tout ne tremble devant aucun personnage; Il n'est pas intimidé par la grandeur...»[229]; «Un jugement sans pitié est réservé aux grands et aux puissants; les humbles seront pardonnés avec compassion»[230], et Il continuera à disperser les superbes de cœur...

En ces jours, Jésus t'a révélé Mon Cœur. Apprends, Ma fille, que J'ai inscrit ton nom dans Mon Cœur; J'ai fait de même pour tous ceux qui aiment Mon Fils et M'aiment.

Honore-Moi par des sacrifices; honore Mon Cœur avec l'innocence d'un enfant; honore le Cœur de ta Mère en refusant le mal; fais le bien et demande instamment à ton Père dans le ciel les dons de Son Esprit; grandis dans Mon Cœur Immaculé et Je remédierai à toutes les plaies[231] de ton âme, afin que tu deviennes la Joie de Jésus ton Sauveur, et l'aurore de cette génération obscure. Grandis dans le Cœur de ta Mère, afin que tout ton être resplendisse comme des pierres précieuses à la Lumière[232] dont Je suis enveloppée, afin que des hordes de nations viennent alors à toi, attirées par ta beauté, et lorsqu'elles demanderont: «qui t'a modelée pour être res-

---

229. Sg 6.7.
230. Sg 6.6.
231. Ceci doit être compris comme étant les péchés.
232. Notre Dame entend par là : le Saint Esprit.

plendissante comme mille gemmes?», atteste en disant: «j'ai été modelée dans le Plus Pur des Cœurs, prenant forme dans le même Cœur où notre Rédempteur a éclos et pris chair et sang, afin que je devienne, Moi aussi, l'enfant de la Mère de Dieu, de sorte que je sois capable d'exprimer des pensées dignes des dons du Tout-Puissant».

Viens grandir dans Mon Cœur et deviens le cœur de Mon Cœur. Puise de Mon Cœur toutes les Richesses qui M'ont été données de la Sagesse afin que, toi aussi, tu apprennes à aimer le Père, Mon Fils et le Saint Esprit. De cette manière, tu seras l'enfant de la Mère de Dieu. Viens, viens puiser de Mon Cœur les vertus qui M'ont été données[233]; elles sont toutes pour toi également, Mon enfant; ah! Je te veux magnifique pour Mon Fils et agréable au Père; Je te veux parfait(e) pour le Cœur de l'Emmanuel; Je répandrai de Mon Cœur Immaculé dans ton cœur, Mon enfant, toutes Mes grâces afin que ton cœur devienne, lui aussi, un autel pour le Très-Haut, un encensoir rempli d'encens brûlant, afin que toi aussi, tu marches avec la Grâce et la Fidélité. Le mystère de Dieu ne peut être révélé qu'aux purs de cœur et si Nos Deux Cœurs poursuivent inlassablement les pécheurs, c'est à cause de l'immensité de l'amour que Nous avons pour vous tous.

Ah! mais tant d'entre-vous ne semblent pas comprendre ou s'en soucier, et tournent Nos Appels en ridicule. Lorsque ce temps de miséricorde sera fini, les morts ne viendront pas à la vie[234]. Nos Deux Cœurs Divins sont blessés et vous crient à tous avec douleur de vous amender, de prier, de jeûner et

---

233. La Mère de Dieu a été créée sans péché depuis le commencement.
234. Cela signifie qu'il sera trop tard pour changer lorsque ce temps de Miséricorde sera fini.

d'aimer vraiment Mon Fils dans le Saint Sacrement. Je t'invite à entrer[235] dans Mon Cœur et Je t'y cacherai; Je te garderai et Je te protégerai de tout le mal qui t'entoure et des tentations; Je te protégerai et Je t'élèverai, Mon enfant, des eaux tempétueuses du péché et Je te cacherai dans Mon Cœur Maternel; Mon amour et Mon affection pour toi sont si grands que les anges eux-mêmes auraient voulu être à ta place. Le Sacré-Cœur de Jésus n'a pas de favori, pas plus que n'en a le Mien; Dieu est juste et bon.

Aujourd'hui, Ma fille, et dans les jours qui suivent, tu seras dans la Semaine Sainte de la Passion de Jésus pour la seconde fois[236]; tu réalises ce que ressentent Nos Deux Cœurs à cause de votre division... Les blessures de Nos Deux Cœurs sont innombrables. Si le troupeau du Seigneur est divisé et dispersé, et le pays réduit à un désert, si la rébellion contre toutes les Saintes Règles de Dieu a atteint son sommet, si aujourd'hui, on se dresse Cardinal contre Cardinal, Evêque contre Evêque et prêtre contre prêtre, c'est parce que votre génération a refusé d'écouter Mes Paroles; J'ai été envoyée par le Très-Haut pour vous avertir et vous corriger gentiment[237]; mais à ce jour, ta génération Nous refuse une place dans son cœur et ne prend pas Nos Paroles au sérieux.

Quant à vous, vous allez attirer ce que vous avez moissonné; Mon Cœur Maternel s'attriste de vous dire cela, et Mes Yeux versent des Larmes de sang à la vue de ce que Je vois devant Moi, lorsque la Main du Père s'abattra sur vous, avec un cri foudroyant: «Assez! maintenant cela suffit!»; et dans une

---

235. En anglais: «to step in» — «franchir le seuil».
236. En cette année 1996, la Passion et la Résurrection sont célébrées du 4 au 7 avril par les Catholiques, et du 10 au 14 avril par les Orthodoxes.
237. A Fatima, à Akita...

tempête de feu, Il exécutera le jugement... Nos Deux Cœurs Transpercés vous avertissent encore solennellement, et Nous persisterons à vous avertir de changer vos cœurs et de les tourner vers Dieu; on ne peut vivre qu'en Dieu car Il est votre pain quotidien, votre boisson et votre souffle... Que tous les habitants de Nos Deux Cœurs sachent que très bientôt maintenant, Nos Cœurs qui sont unis en Un Seul, vont triompher et que les nombreuses choses que Nous avons prédites seront accomplies.

Le Sacré-Cœur de Jésus et Mon Cœur Immaculé bénissent chacun de vous. Soyez un.

Table des matières